Père Benedict Groeschel

LE COURAGE D'ÊTRE CHASTE

Éditions des Béatitudes

Titre original du livre : *The courage to be chaste*, Paulist Press, New-York 1985 © Province of St. Mary, Capuchin Order.

Traduction française : Anne Olivier

ISBN 2-84024-100-5

Illustration de couverture :
Tourbillon d'eau © Pix - photo : J. P. Fruchet.

Ce livre est dédié aux hommes et aux femmes du mouvement "Courage" et à tous ceux qui ont le courage d'essayer.

REMERCIEMENTS

Cet ouvrage est né à l'initiative de plusieurs membres du mouvement "Courage", qui demandaient avec insistance un livre sur la pratique de la chasteté pour les célibataires à tendance homosexuelle. Après avoir envisagé d'écrire ce livre, considérant autant l'aspect psychologique que spirituel, j'ai finalement pensé que ce sujet de la chasteté pouvait intéresser tous les célibataires, y compris les religieux et les prêtres.

Dans un premier temps, j'ai évité de lire ou de relire des livres sur le sujet. Je ne voulais pas, même inconsciemment, utiliser les idées des autres. Et pourtant, leurs travaux sont d'une telle valeur que je ne pouvais pas les passer sous silence.

Plusieurs personnes m'ont aidé pour ce livre, à différents degrés. Je voudrais remercier particulièrement le Dr. Susan A. Muto, de l'Institut de formation spirituelle de l'Université Duquesne, qui a si généreusement écrit l'introduction et offert ses suggestions. Tout comme le fondateur de l'Institut, le Père Adrian Van Kaam, elle a une bonne connaissance de la vie chrétienne. Je suis très reconnaissant au Père John Harvey, O.S.F.S., fondateur du mouvement "Courage", pour ses nombreuses suggestions. Je suis également très redevable à saint Augustin dont la sainteté et la psychologie mal connue sont évidentes à chaque page. Je remercie également tous ceux que j'ai eu le privilège de conseiller dans leur combat pour la chasteté, et particulièrement ceux qui m'ont autorisé à utiliser des anecdotes de leur vie : j'ai pu ainsi illustrer certains passages de ce livre.

Je voudrais exprimer ma gratitude à tous ceux qui ont travaillé à cet ouvrage, particulièrement le Dr. John Farina de *Paulist Press* pour ses précieux conseils, Charles Pendergast pour son aide inestimable à l'édition, et le père Glenn Sudano, O.F.M. Cap., pour ses suggestions et pour la relecture qu'il a fait de mon manuscrit, ainsi qu'à Karin Samuel et Elaine Barone pour la frappe. Tous mes remerciements vont également au Père William Smith du séminaire Saint-Joseph, Dunwoodie, pour ses commentaires éclairés.

Je suis enfin très reconnaissant à la sainte Église catholique pour ses enseignements, et parce qu'elle a été mon guide. L'Église nous guide dans les eaux troubles. Elle nous donne le soutien sacramentel du Christ, sans lequel un célibat chaste et sain est impossible. Elle fait descendre sur nous l'Esprit Saint qui nous donne toujours le courage d'être ce que nous sommes appelés à être.

Père Benedict J. Groeschel
Fête de l'Assomption de Notre-Dame, 1984

INTRODUCTION

Le mystère du célibat se manifeste d'abord dans la beauté unique de chacun, et plus particulièrement dans la manière de vivre des célibataires, qu'ils aient choisi ce célibat ou non. Dans mon livre, *« Celebrating the single life »*[1], j'ai essayé, en m'appuyant sur mon expérience personnelle, de montrer de façon réaliste les limites et les joies possibles du célibat dans le monde d'aujourd'hui. Mon but était de souligner les principaux obstacles que le célibataire peut rencontrer, à l'intérieur comme à l'extérieur, et de proposer des solutions qui peuvent l'aider à se réjouir de son célibat et non plus à s'en plaindre.

Celebrating the Single Life se voulait plutôt être un guide spirituel pour les célibataires dans notre monde, alors que le livre du Père Groeschel, traite un point essentiel dans le célibat, l'amour chaste. C'est une vraie bouffée d'air pur de lire page après page que les célibataires sont des personnes

---

[1] N.D.T. : *Célébrer la vie célibataire,* Doubleday, 1982.

chaleureuses, tendres, compatissantes, amicales, dévouées, joyeuses. Il met en garde contre une approche sombre et larmoyante du célibat qui pourrait malheureusement conduire à chercher quelque réconfort dans des relations superficielles et immorales. Il considère à juste titre l'engagement à la chasteté comme un don de soi, dynamique et courageux.

De récentes recherches l'ont amené à penser que ce que l'on a appelé la « révolution sexuelle » suscite de moins en moins d'intérêt, et que l'on recherche à nouveau des valeurs transcendantes, comme l'engagement à la chasteté dans le célibat ou à la fidélité dans le mariage. Ce livre souhaite encourager ceux et celles qui voudraient choisir un célibat consacré et confirmer ceux et celles qui ont déjà choisi cette voie pour répondre à un appel de Dieu.

C'est un fait de notre temps que pour certaines personnes la sexualité prend le pas sur la spiritualité. Ils font un dieu de leur propre plaisir. Ils jouent les Don Juan à propos de leurs conquêtes. Mais cette mentalité de « flambeur » se révèle dégradante. Le risque est non seulement de perdre le respect de soi-même, mais surtout de se retrouver seul, sans amis, sans liens familiaux et, pire encore, sans Dieu.

Pour faire comprendre son point de vue, le père Groeschel fait beaucoup appel tout au long de son livre à l'expérience de saint Augustin. Il démontre comment le penchant de ce dernier pour les plaisirs de la chair, dénués de toute transcendance, le plongeait dans un trouble profond, les ténèbres et le désespoir. Ce n'est que lorsque son âme noble, débarrassée de ses illusions égocentriques, embrassa la Vérité, qu'il put trouver la paix du cœur et suivre le Seigneur avec la même énergie qui l'avait jadis porté vers des plaisirs vains.

Il est important de se rappeler, comme nous le dit l'auteur, que la sexualité humaine est un don de Dieu. Elle touche chaque dimension de notre être masculin-féminin. Une vie chaste ne veut pas dire une sexualité réprimée, mais elle conduit à réorienter ces énergies, tout d'abord vers la recherche passionnée de Dieu qui caractérise les saints, puis dans le service aux autres de façon à se libérer progressivement de tout sentiment égoïste.

On peut alors comprendre, peut-être partiellement, la pratique volontaire de l'abstinence de toute expression génitale de la sexualité, dans le contexte d'une recherche contemplative qui vise à laisser Dieu être le seul objet de nos désirs. Cette grâce, comme le souligne le Père Groeschel, doit être bien discernée, peut-être avec l'aide d'un directeur spirituel, avant, pendant et après tout engagement au célibat. Un tel engagement, vécu avec sincérité, demande du courage. Le titre *Le Courage d'être Chaste* me semble bien choisi.

En français le mot courage se rapporte au mot « cœur ». Dans ce livre, l'auteur essaie de former le cœur d'une personne appelée à une vie chaste. Il prend comme point clé de cette vocation, la Béatitude suivante : *« Bienheureux les cœurs purs, car ils verront Dieu »*.

Un autre de mes livres, *« Blessings that make us be »*[1], souligne que, pour reprendre la pensée du père Groeschel, dans cette Béatitude Jésus bénit ceux dont le cœur a été purifié de tout amour-propre, à tel point qu'ils peuvent transmettre l'amour de Dieu aux autres. Ceci paraît être une bonne description du célibataire tel qu'il est vu dans ce livre. Parce que l'on peut voir Dieu dans de tels disciples, Jésus leur promet qu'ils posséderont le Père. Si le cœur d'un célibataire fait un avec le cœur du Christ, il peut déjà apercevoir Dieu dans cette vie et entrevoir son Eternité dans l'Au-Delà.

---

[1] N.D.T. : *Les bénédictions qui nous font vivre,* Crossroad, *1982.*

Ceux qui ont la grâce de vivre un amour sincère verront petit à petit leur corps non plus comme un objet séparé de leur esprit, dont ils peuvent user et abuser à volonté, mais comme organisme qui est l'incarnation de dons, de talents, d'aspirations et d'inspirations. Ils perdront l'illusion d'un contrôle exalté et autonome pour grandir dans la conscience d'être serviteurs du mystère d'amour qui appelle chacun à une vie d'union et de communion.

La sincérité de cœur permet de calquer une vision de la vie et du monde sur l'horizon du transcendant. Celui qui a le cœur pur n'essaie pas d'empêcher cet état de disciple ni ne refuse de porter sa croix. Il sait que sa joie pascale ne peut être complète que si elle s'appuie sur la souffrance et le sacrifice. Une vie chaste lui permet de voir l'Au-Delà dans l'ordinaire, le Sacré dans le séculier, l'Eternel dans le minuté.

Des cœurs qui sont orientés vers ces seules valeurs transcendantes découvrent petit à petit tout au long de leur vie que l'amour de Dieu commence à inonder leur être tout entier, à diriger toute leur vie. Le but de la vie ici-bas, comme le suggère souvent l'auteur, est l'harmonie. Il s'agit d'un style de vie centrée sur le Christ, dans la Beauté Absolue, source de la bonté et but vers lequel nous tendons.

Une telle pureté ne peut jamais venir de nous seuls. C'est le travail du Seigneur en nous, le don de sa grâce. Le fruit de cet engagement vécu courageusement sera la joie, la patience, la miséricorde, la douceur, la paix, la confiance, la maîtrise de soi, la compassion et le service. Dans la vie quotidienne, à la maison ou au bureau, dans la grisaille des jours qui passent, dans les moments de joie et de peine, nous sommes appelés à voir le Seigneur comme Il nous voit. Avoir le cœur pur, cela veut dire voir Sa Face là où d'autres verraient frustration, solitude, dysharmonie, aliénation. Jésus, Lui, voyait la Face du Père dans toute la création. Et Il fait le don de cette vision aux cœurs sincères. Mon souhait est que ceux qui liront ce livre puissent redécouvrir que le Dieu qui nous a aimés le premier est un avec nous, et que par notre intention de vivre chastement, et par la façon dont nous vivons cet engagement, nous tendons à devenir un avec Lui.

Dr Susan Annette Muto

Avant-Propos

Ce livre se voudrait un guide pour les chrétiens qui désirent vivre chastement leur célibat. Il n'est pas destiné uniquement au clergé ou aux religieux qui doivent assumer l'engagement au célibat, mais aussi aux célibataires qui n'envisagent pas ou plus de se marier. Même si les raisons qui conduisent à décider d'éviter toute intimité sexuelle sont très diverses, les enjeux d'une vie équilibrée et satisfaisante sans relations génitales directes, sont essentiellement les mêmes pour tous.

J'ai voulu destiner ce livre à tous ceux qui envisageaient le célibat, qu'ils soient religieux, non-mariés, veufs ou divorcés, ou qu'ils aient des penchants homosexuels ou autres problèmes sexuels ; en un mot à tous ceux qui entendent l'appel de l'Evangile à la chasteté comme la réponse à leurs besoins sexuels. J'ai essayé de penser à la fois à ceux qui auraient souhaité se marier, mais n'en ont jamais eu l'occasion, et à ceux qui pour des raisons personnelles ont refusé l'opportunité lorsqu'elle s'est présentée. Je n'ai laissé de côté que les personnes mariées ou fiancées, se préparant à un mariage proche ; il leur faudrait un livre spécialement écrit pour eux par quelqu'un vivant un engagement à la chasteté dans le mariage.

Plusieurs titres semblaient possible pour ce livre, « Tout ce que vous avez toujours voulu savoir sur la chasteté, mais n'avez jamais osé demander » et (mon préféré) « La chasteté avec des pizzas ». J'ai préféré le dernier parce que j'ai vu avec joie les fruits de la chasteté dans ma propre vie (bien que je n'en aie pas toujours apprécié les enjeux). Ma vie de chrétien célibataire m'a apporté une foule d'amis, des douzaines d'enfants avec des passés difficiles qui ne pouvaient appeler « père » personne d'autre que moi.

Ma vie de prêtre engagé à la chasteté, loin de m'avoir limité, a au contraire ouvert des relations fortes et des expériences qui semblaient même parfois me détourner de mon premier but qui était de chercher Dieu. La chasteté ne m'a pas écarté d'une vie de famille, elle m'a plutôt apporté plusieurs familles d'horizons socio-économiques, de religions, de races et de cultures diverses.

Ma chasteté m'a permis d'aider des personnes pour lesquelles cette chasteté même était devenue un poids, un piège, un fléau, ou, pour ceux qui se trouvaient embarqués dans la prostitution, une forme d'esclavage. J'ai pu aider ces personnes, parce qu'elles faisaient confiance à quelqu'un qui avait voué sa vie au célibat.

Et, par-dessus tout, la chasteté me remet sur la voie de Dieu au début et à la fin de chaque journée. Toute bonne vie doit suivre la voie qui mène à Dieu et la meilleure voie est celle qu'il a choisie pour chacun. Mais la chasteté du célibat est une aide spéciale. Le célibataire qui lutte pour mener une vie chaste, arrive devant Dieu les bras vides, seul avec le Seul. Historiquement, le célibataire a toujours eu de nombreux compagnons, y compris tous les saints qui ont répondu seuls à l'appel du Christ. Tous ceux qui vivent dans une communauté religieuse savent que le célibat ne peut pas simplement se substituer à un époux parti. Le célibat a ses propres défis et ses propres bénédictions. Les célibataires chrétiens n'ont pas besoin de se justifier, mais ils peuvent mettre à profit quelques conseils et encouragements.

Ce livre voudrait encourager les personnes non-mariées qui vivent chastement et essaient d'être des disciples du Christ à part entière. La chasteté doit être regardée plus comme un but que comme un état statique. A chaque jour de nouveaux défis, de nouveaux essais et pour certains de nouveaux échecs. Peut-être seuls les grands saints ou les grands mystiques sont-ils parfaitement chastes, dans la mesure où ils contrôlent parfaitement leurs émotions, leurs désirs et leurs impulsions. Pour les autres, c'est une lutte, un combat avec des échecs partiaux ou une défaite totale.

La chasteté est une aventure quotidienne où l'on grandit et découvre et, comme dans toute aventure, il y a beaucoup de dangers et de risques. Avant, pendant et après une chute, il faut accepter la possibilité d'être blessé. C'est pour cela qu'il faut du courage pour être chaste. Le courage est une vertu morale et un don du Saint-Esprit. Pour être chaste, que l'on soit marié ou célibataire, il faut les deux.

Je remercie cordialement ceux qui m'ont procuré le mot-clé dans le titre de ce livre, « courage ». C'est le nom que s'est donné un groupe d'hommes et de femmes qui avaient décidé de vivre chastement leur vie de chrétiens malgré des tendances homosexuelles. Leur foi et leur courage, tout comme leur confiance en l'Esprit Saint, en son don de courage, ont été à l'origine de ce livre.

J'ai largement emprunté aux écrits de saint Augustin. Aucun écrivain chrétien n'a donné un compte-rendu aussi honnête de ses combats pour la chasteté. Les citations des

Confessions sont une aide appréciable à la méditation. J'ai eu le privilège de discuter de la position de saint Augustin sur la chasteté avec Frank Sheed, traducteur en anglais des *Confessions* et grand défenseur du catholicisme, qui m'a aidé à voir que le « saint psychologue » avait beaucoup à dire aux chrétiens de notre temps dans leurs combats.

Ière PARTIE

LE DÉFI D'UNE VIE CHASTE

CHAPITRE I

VIVRE CHASTEMENT SON CÉLIBAT DANS LE MONDE D'AUJOURD'HUI

Il y a quelques années une religieuse me partageait son expérience : inscrite à un cours d'université intitulé « La sexualité humaine », elle assistait au cours de façon anonyme. Personne ne savait qu'elle était religieuse. Pour des raisons cachées (et probablement inavouables), on a demandé aux étudiants de partager à toute la classe la rencontre sexuelle la plus sauvage qu'ils avaient connue. Notre sœur se résolut à tenir ferme et à reconnaître la terrible vérité - elle n'avait jamais eu d'expérience sexuelle.

Quand ce tour de ronde exhibitionniste arriva à elle, elle révéla son terrible secret. Les étudiants s'attendaient à tout sauf à cela ! Entre leurs sursauts ahuris et leurs ricanements sceptiques, elle parvint à expliquer qu'elle était religieuse. L'attitude du groupe changea alors totalement... Ses camarades de classe étaient ravis, frappés de respect et émus. Ils étaient tous d'accord pour dire qu'elle ne devait rien changer et ne jamais connaître aucune expérience. Même les plus délurés étaient impressionnés de savoir que quelqu'un, quelque part, avait réussi à garder son humanité tout en étant chaste pour le Royaume de Dieu.

Cet incident révèle l'attraction qu'exerce l'idéal de la chasteté sur ceux qui sont culturellement préparés à le rejeter, mais il n'en reste pas moins vrai qu'une personne mariée ou célibataire qui désire vivre une vie chrétienne chaste va rencontrer une opposition écrasante. En trente ans les films et autres divertissements sont passés d'une absence totale de sexualité à l'exploitation explicite de la convoitise. La plupart des confessions chrétiennes qui avaient clairement défini des codes de mœurs sexuelles ont adopté des attitudes partisanes du libre arbitre que l'histoire pourrait juger aussi sévèrement qu'elle juge la face cachée de la Renaissance Italienne ou du Siècle des Lumières en France.

1 - Une définition utile de la chasteté

Les chrétiens célibataires, qu'ils soient jeunes ou vieux, doivent vivre à contre-courant de la forte marée de la décadence contemporaine. Je ne cherche pas à brouiller les cartes en ouvrant un débat sur le sens de la chasteté. Certains aspects de cette discussion théologique m'intéressent, mais peut-être est-ce seulement parce qu'ils pourraient me donner des occasions dangereuses d'utiliser le sarcasme et l'ironie, contraires à la charité. Je m'appuierai donc sur la définition chrétienne traditionnelle de la chasteté qui a été acceptée par toute une armée d'écrivains moraux et spirituels (nombre d'entre eux ayant été canonisés). Cette définition a été redonnée par le Pape Jean Paul II et se trouve clairement résumée dans la réflexion sur la moralité publiée par les évêques catholiques américains, *Pour vivre en Jésus Christ*[1], un document essentiel que l'on a malheureusement oublié. Ceci a été récemment redéfini sans ambiguïté par la Sacrée Congrégation pour l'Education Catholique.[2]

J'utilise les termes célibat chaste et vie chaste de célibataire pour définir tout refus de rapport génital ou sexuel prégénital. Ils impliquent également la décision d'éviter toute relation personnelle ou toute affection humaine qui pourrait s'exprimer génitalement. Il s'agit d'une obligation pour tout célibataire consacré et pour toute personne qui se trouve dans l'impossibilité de contracter un mariage valide.

Le chrétien qui décide de rester célibataire a, en fait, opté pour le même choix de chasteté que le célibataire consacré. La chasteté pour l'ensemble des chrétiens signifie le refus d'une satisfaction sexuelle par auto-érotisme ou par un comportement dévié. Elle ne signifie *pas* isolement, rejet des amours ou des amitiés humaines, ni refoulement de certaines attitudes non-génitales, liées à l'expression de sa sexualité. La chasteté demande parfois des efforts héroïques pour affronter les aspects sombres et égocentriques de l'être intérieur.

Si vous n'êtes pas d'accord avec l'ensemble de cette définition, ce livre n'est pas pour vous. Si par contre vous vivez ou aimeriez vivre de ces valeurs chrétiennes qui s'enracinent dans les Ecritures et dans la tradition de votre foi, ce livre peut vous aider.

Chacun sait que dans le mariage chrétien, les couples s'engagent aussi à une certaine forme de chasteté. Les combats des croyants mariés ou célibataires sont parfois très similaires. Nous considérerons dans ce livre seulement ceux

---

1 Conférence Nationale des Evêques américains, Washington D.C. Conférence Catholique américaine, 1976.

2 *Educational guidance in human love*, Saint Paul Editions, 1983.

qui souhaitent rester célibataires. Le mot chasteté s'appliquera parfois à l'état de célibat, mais il n'est pas nécessairement réservé exclusivement à cet état.

2 - Les obstacles sur le chemin d'une vie chaste

Par deux fois au cours des dix dernières années, des écrivains satiriques ont fait paraître dans la Revue Littéraire du *New York Times* des titres imaginaires sur la chasteté, écrits par des écrivains imaginaires, une fois même par une nonne mythique. Dans les deux cas, ces livres se voulaient défenseurs ou guides de la chasteté dans le célibat. Ces titres imaginaires figuraient au milieu d'autres livres intitulés *La Cuisine des Gourmets Aborigènes* et *Comment Construire votre Navette Spatiale.*

Tout cela était très drôle, mais j'étais navré de constater le manque de sensibilité de notre époque. Les auteurs de ces satires étaient des gens civilisés qui, j'en suis sûr, n'ont jamais cherché à être blessants. Ils auraient cependant pu réaliser qu'un bon nombre de religieux lisent ces revues littéraires. Leurs grand-mères leur ont sans doute appris, comme l'a fait la mienne, qu'il est incorrect de se moquer des pratiques religieuses d'autrui. Il n'est sans doute jamais venu à l'esprit de ces écrivains et autres railleurs cultivés de la chasteté, qu'un certain nombre de personnes essaient de vivre cette vie qu'ils tournent en dérision.

Les moqueurs font partie de l'environnement (j'hésite à l'appeler culture) dans lequel seule l'infortune peut être à l'origine d'une vie de célibataire. Ceux qui déprécient la chasteté peuvent avoir une grande admiration pour saint François ou Mère Teresa, mais ils n'ont jamais compris que la chasteté fait partie intégrante de la dynamique de vie de ces personnes. Sans doute admirent-ils Ghandi, mais ils ignorent tout des combats qu'il a menés pour observer une entière chasteté alors que sa femme était toujours à ses côtés et très affectueuse. Un célibataire qui n'aura pas le mysticisme de saint François n'attirera que leur mépris.

Incompréhension et moquerie

Les réactions négatives que peut rencontrer le célibataire ne se limitent pas au mépris ; elles vont de la pitié au scepticisme. Quand il s'agit d'une personne jeune qui n'est pas dans une communauté religieuse, les amis et les parents vont vite imaginer qu'elle a un problème psychologique. Même les religieux et les hommes d'Eglise en âge de se marier peuvent s'entendre dire qu'il est temps de quitter leur communauté et de mener une vie normale dans le mariage. Les jeunes qui veulent tenter une vocation religieuse rencontrent diverses attitudes allant de la compassion au ridicule. La seule conclusion que nous pouvons tirer de tout cela est que la chasteté volontaire n'est pas une vocation pour les lâches.

Quelqu'un qui, à la suite d'une conversion religieuse, est déterminé à vivre chastement après une vie de plaisirs sensuels, hétérosexuels ou homosexuels, saura trouver où s'enracine l'amitié.

Il devra subir des tentatives délibérées visant à le faire chuter à nouveau dans les plaisirs de la chair. Saint Augustin décrit comment à l'âge de dix-sept ans il a essayé d'éloigner de la vie chrétienne un de ses joyeux compagnons, et combien il l'a regretté à la mort du jeune homme. Saint Augustin comprit alors qu'il n'avait pas été un véritable ami.[1] Pourquoi la chasteté suscite-t-elle une telle opposition ? Est-ce le souci, très humain, de voir quelqu'un rater une partie

---

[1] Cf. *Les Confessions,* saint Augustin, Traduction d'Arnaud d'Andilly, Gallimard, 1993.

importante de sa vie ? Je pense à cette délicieuse vieille dame juive qui avait demandé à son mari de m'emmener faire un tour et de m'expliquer « des choses » quand elle avait appris que, encore adolescent, j'allais rentrer au monastère. Est-ce une réaction de ceux qui sont en conflit avec eux-mêmes ; peut-être entendent-ils un appel à la chasteté qu'ils ne peuvent pas ou ne veulent pas accepter ? Ou est-ce encore dû à ce raisonnement américain faux et malsain qui méprise toute personne qui va à l'encontre des valeurs en vogue, parce que la théorie veut que si nous sommes tous d'accord, nous devons avoir raison ? Ou est-ce encore une pulsion qui vient des ténèbres de l'être humain et qui cherche à détruire tout ce qu'il y a de beau chez une autre personne ?

Je me souviens avoir travaillé avec un homme qui avait fait vœu de chasteté religieuse. Une de ses amies le poursuivait littéralement. Je pense que sa motivation consciente était d'apporter un peu d'amour dans ce qu'elle considérait comme une vie sans amour. Il finit par renoncer à son appel et tout abandonner pour l'épouser. Eh bien, aussi incroyable que cela paraisse, elle refusa de le voir après qu'il eût renoncé à ses vœux. Je ne voudrais pas accuser cette jeune femme d'intention mauvaise, mais je la suspecte d'avoir été inconsciemment motivée par le désir de détruire quelque chose qu'elle ne possédait pas.

Ce cas étrange m'a rappelé que j'avais lu dans les travaux de grands psychologues que la plupart des motivations sexuelles sont inconscientes et qu'elles peuvent par conséquent être dangereuses et autodestructrices. Celui qui choisit de se battre pour la chasteté doit chercher au-delà d'un simple besoin sexuel pour savoir quelles sont ses motivations. Le plaisir ou le renoncement au plaisir suffit rarement à justifier les plaisirs sensuels ou la chasteté.

Dag Hammarskjöld, un célibataire qui a essayé d'aller au-delà de l'hédonisme de la vie quotidienne, a révélé dans son agenda, *Markings,* son combat pour demeurer chaste et ses motivations religieuses. Voici ce qu'il dit :

> « Nous pouvons atteindre le moment où il nous devient possible de reconnaître et de comprendre le péché originel, cette action contraire du mal dans notre nature - c'est-à-dire, bien que ce ne soit pas dans notre nature, cela en fait partie - ce quelque chose en nous qui se réjouit lorsque le désastre atteint la cause même que nous essayons de servir, ou lorsque le malheur touche ceux-là mêmes que nous aimons. La vie dans le Seigneur ne nous permet pas d'y échapper, mais seulement d'en avoir une plus vive conscience. Nous ne pouvons oser regarder ces ténèbres que lorsque nous nous mettons dans la pleine lumière de l'amour ; nous pouvons alors l'accepter, et souffrir *consciemment* de ce quelque chose en nous qui souhaite le désastre, le malheur et l'échec de tout ce qui sort de l'étroitesse de notre propre intérêt. C'est pourquoi une relation vivante à Dieu est la condition préalable à la connaissance de soi, qui permet de suivre le bon chemin, de se vaincre soi-même en se pardonnant. »[1]

3 - La pathologie en cause

D'autres objections encore plus subtiles peuvent entraver la chasteté. La plus évidente est peut-être le fait de croire que la chasteté est un idéal impossible. La psychologie contemporaine, particulièrement dans sa forme « pop », a créé l'illusion que l'abstinence sexuelle était impossible, sauf dans le cas d'une pathologie grave.

Il ne fait aucun doute qu'une vie humaine sans sexualité est impossible. Définir la chasteté comme une vie sans

---

[1] *Markings,* New York : Alfred A. Knopf, 1966, pp. 127-128.

sexualité serait renier la nature humaine. Les catholiques qui ridiculisent la chasteté réagissent en fait contre une définition dépassée de la chasteté. Mais si nous définissons la chasteté comme une vie dénuée de comportements génitaux volontaires, nous exprimons une réalité complètement différente. C'est le cas de beaucoup de personnes qui ne présentent aucun symptôme de pathologie grave.

Les inexactitudes de la psychologie pop et son besoin de rassembler un large auditoire expliquent pourquoi les écrivains populaires font rarement de distinction en faveur d'un célibat sain. Des psychologues plus avisés comme Erik Erikson ont fait cette distinction il y a déjà longtemps. Dans son œuvre classique *Childhood and Society*[1] écrit en 1950, Erikson envisageant la reproductivité comme une forme de maturité, écrit :

> « Alors que la tradition philosophique et spirituelle suggère le renoncement au droit à procréer ou à produire, ces personnes se tournent précocement vers les causes "fondamentales", lorsqu'elles sont engagées dans des mouvements monastiques ; cette tradition s'efforce de mettre en place à la fois le lien entre le soin porté aux créatures de ce monde et la charité qui est censée le transcender. »

Même si beaucoup de célibataires ont largement contribué au bien-être de l'humanité tout en menant des vies heureuses et créatrices, le parti-pris demeure que toute vie sans sexualité génitale provient soit d'une mauvaise information, soit d'un handicap psychologique. Il ne fait aucun doute que, dans toute vie humaine normative, l'individu mûr échange sincèrement de l'amour et de l'affection avec un partenaire de l'autre sexe et partage beaucoup d'aspects de sa vie, tout particulièrement dans la haute tâche d'élever la génération

---

1 N.D.T. : *Enfance et Société.* Norton (2ème édition), 1963, p. 268.

suivante. La sexualité génitale est une composante de la vie de la plupart des êtres humains, et c'était certainement sa finalité première. Mais comme le souligne Erikson, on peut utiliser son énergie pour prendre soin des enfants des autres ou pour rechercher Dieu comme premier objet de ses désirs. Ceci peut être le but de célibataires chrétiens qui veulent vivre l'Evangile.

Il est important de ne pas oublier que des personnes qui poursuivraient des buts non-religieux comme la science ou la création, ont renoncé au mariage et apparemment à toute sexualité génitale. Même si ce n'est pas là le sujet de ce livre, ces personnes donnent d'autres exemples de célibat positif et créatif.

4 - Le matraquage sexuel

Tous les célibataires, et en fait tous les chrétiens qui vivent un certain engagement à la chasteté avant et pendant le mariage, vivent dans un monde de matraquage sexuel permanent, par la publicité, les médias et les loisirs. Il ne fait aucun doute que cela rend une vie chaste encore plus difficile. Quelques personnes s'en sortent par un retrait sélectif de la vie, ce qui n'est pas la meilleure façon de traiter le problème. Il vaut mieux être offensif que défensif, et affirmer ses préférences fermement en faisant savoir aux autres lorsque quelque chose constitue une offense ou une atteinte personnelle.

L'une des hypothèses la plus durable et probablement la moins valable de notre civilisation est sans doute celle qui consiste à croire que les rapports sexuels procurent le bonheur. Les médias se chargent de claironner le message,

« le sexe apporte le bonheur ». Si cela était vrai nous vivrions dans un paradis sur terre et le monde serait *Happy Valley*[1].

Je suppose que la moitié des personnes que vous rencontrez dans un bus ou dans un centre commercial, ou même à l'église le dimanche, ont eu des rapports sexuels génitaux au cours des jours précédents. En tant que vieux célibataire je peux vous dire qu'ils ne sont pas tous si heureux. Si le sexe apportait le bonheur, le monde brillerait comme le soleil, au moins la moitié du temps. Les célibataires n'essaient pas de se convaincre que le célibat dans la chasteté est la voie de la béatitude terrestre, mais ils ne veulent pas non plus être privés de la clé du bonheur. S'il existe une clé du bonheur, elle n'est certes pas dans les expériences sexuelles.

5 - La solitude

La solitude - ou conscience douloureuse du besoin de compagnie et de soutien - est sans doute l'un des plus grands obstacles à la chasteté dans la vie de célibataire. De toute évidence le célibataire doit apprécier la solitude, le fait de se retrouver seul. De plus le célibataire doit avoir appris à dépasser cette solitude lorsqu'elle devient une charge.

Et pourtant les meilleures choses de la vie sont souvent organisées pour les couples - y compris les activités religieuses ou en paroisse. Les réceptions, les loisirs, les congés et les vacances rendent souvent la solitude encore plus difficile. Nous verrons plus loin comment un célibataire doit organiser sa vie de façon énergique pour que la solitude ne soit pas une porte ouverte à des désirs ou même à des pulsions sexuels.

---

[1] *La vallée du bonheur.*

6 - Le stigmate du célibat

Nous avons déjà vu comment une psychologie mal exercée pourrait amener le célibataire à se sentir handicapé. Ceci vient se surajouter au fardeau de ceux qui doivent leur célibat à la seule malchance, ou en tous cas qui ne l'ont pas choisi. En général on n'inclut pas dans ce groupe les prêtres et les religieux, bien que j'aie déjà rencontré ce sentiment chez certains religieux qui souhaiteraient recommencer leur vie.

Il ne fait aucun doute que bon nombre de célibataires auraient préféré se marier, mais l'occasion ne s'est jamais présentée ou, si elle s'est présentée, elle ne leur a pas semblé bonne. D'autres sont veufs ou divorcés et ne souhaitent pas se remarier. Dans le cas d'un divorce, le remariage peut ne pas être possible à cause de principes moraux et de l'enseignement de l'Eglise. Pour d'autres le mariage ne leur paraît pas possible, parce qu'ils reconnaissent leur faiblesse psycho-sexuelle, ou bien leurs attirances homosexuelles. Certains souffrent en silence de désirs sexuels aberrants et ne veulent pas compromettre le bonheur de quelqu'un avec leur problème. Beaucoup d'autres souhaitent simplement garder leur indépendance.

J'ai rencontré il y a quelques années une jeune femme très séduisante, qui participait très activement au renouveau charismatique. Nous l'appellerons Marianne. Marianne était profondément engagée dans la vie spirituelle et, en toute connaissance de cause, Marianne avait accepté dans la paix et même dans la joie d'avoir à vivre chastement dans le célibat. Sans aucun regret, elle entra avec reconnaissance dans cet engagement de chasteté.

Quelques années avant de se convertir à cette vie chrétienne, Marianne avait eu plusieurs relations homosexuelles. Elle avait vécu sur le seuil discret et respectable de la société « gay ». Personne, en rencontrant cette jeune femme maintenant, ne pourrait lui trouver l'air malheureux ou frustré. Sa personnalité dégage de la détermination, une image positive d'elle-même, l'acceptation de ce qu'elle est, ainsi qu'un souci réel des autres. Et ce n'est pas une façade. Marianne peut prouver qu'une vie chaste peut être épanouissante, créative et joyeuse.

7 - La vocation du disciple chaste

Quelques soient leurs motifs du départ, beaucoup de célibataires que nous avons cités sont des chrétiens convaincus et veulent mener une vie chaste. Ils ont pu dans le passé étourdir leur tentation en se livrant à l'auto-érotisme, ou à des aventures qui n'avaient aucun caractère d'engagement, ou autres comportements insatisfaisants ou moralement opposés. Le choix du célibat leur apportera non seulement la paix avec Dieu, mais aussi un certain sens de l'intégrité et de la noblesse de la vie. Il leur apprendra également, mieux que quoi que ce soit, à avoir toute confiance dans la *grâce du Christ* et à comprendre la nécessité d'être sauvés de nous-mêmes. Une vie de célibataire non choisie et défigurée par des comportements non chastes est vraiment une grande tristesse. Une vie de chasteté baignée dans l'amour de Dieu et des autres et dans la prière, est la façon la plus estimable d'être disciple, quels que soient les facteurs personnels qui ont poussé la personne à être célibataire.

La différence est évidente entre la vie de couple et le célibat chaste. Le mariage peut être une façon noble d'être disciple du Christ, même si la décision au départ n'était pas très fondée ; les époux peuvent se convertir ensemble et grandir ensemble dans le Christ. La sexualité qui peut être un peu plus que l'expression d'un besoin ou d'une dépendance peut devenir l'expression profonde de la présence sacramentelle du Christ dans une relation d'amour humain. Même si le couple n'atteint pas ces hauteurs, leur relation peut être un combat sincère pour rester disciples, avec des joies et des chagrins, des échecs et des succès vécus ensemble.

De même, quelqu'un qui a choisi le célibat peut ne pas l'avoir du tout envisagé comme un chemin de disciple. J'ai rencontré des prêtres et des religieux qui ne prêtaient guère attention au vœu de chasteté avant de le prononcer ; il était simplement inclus dans le prix de leur admission à la vocation. Le célibataire, laïc ou religieux, peut voir soudain ses efforts de chasteté menacés ou ruinés. C'est alors l'occasion d'une conversion réelle et d'un engagement profond. Même si c'est difficile de mener une vie de célibataire équilibrée, cela en vaut la peine ; il faut de l'intuition, une bonne connaissance de soi, un esprit énergique, et une grande confiance dans la grâce de Dieu. En un mot, une vie chaste - tout comme un mariage chrétien solide - est vraiment un chemin de disciple.

En écrivant ce livre, je me suis inspiré de l'expérience de beaucoup de personnes qui essayent de vivre une vie chaste, malgré tous les obstacles dont nous avons parlé ; je me suis également inspiré de ma propre expérience de ce combat. Pour tous les chrétiens, mariés, célibataires ou religieux, la chasteté n'est pas seulement une lutte contre des besoins et des pulsions physiques. Elle s'intègre dans un effort plus large de recherche de Dieu au-delà et à travers toute chose. La chasteté est un aspect de la pureté d'esprit et de cœur, de pensée et de désir. Comme toute chose dans la vie qui en vaille la peine, la chasteté est un combat qui a ses récompenses. Elles sont résumées dans la béatitude *« Bienheureux les cœurs purs, car ils verront Dieu »* (Mt 5, 5).

CHAPITRE II

COMPRENDRE SON PROPRE CHOIX DU CÉLIBAT

Si vous faites le choix du célibat et que vous souhaitez le vivre dans la chasteté, il est primordial que vous compreniez les raisons de votre choix. Vous devez vous efforcer avec intuition et intelligence de vous comprendre vous-même, tout comme chacun dans un couple s'efforce de connaître l'autre, par des mots, des attitudes, ou des gestes. Etant célibataire, n'ayant pas d'époux pour partager vos pensées les plus intimes, vous devez compter sur des idées conscientes et une pensée claire.

Dans ce chapitre, j'essayerai de donner les raisons qui semblent le plus couramment faire opter pour le célibat. Peut-être n'êtes-vous absolument pas concernés par la vocation religieuse ou l'échec d'un premier mariage et vous pourrez laisser ces chapitres de côté. Mais ne soyez pas trop simpliste en croyant que votre choix est uniquement motivé par le désir d'être célibataire.

1 - La vocation religieuse

Dans la branche occidentale ou Romaine du Catholicisme, le célibat, avec tous les devoirs de chasteté qu'il implique, a été imposé aux prêtres dès le quatrième siècle. Dans toutes les religions du monde, la vie religieuse ou monastique a toujours exigé le célibat. Dans la plupart des religions, dont le catholicisme, le célibat a été traduit par abstinence sexuelle ou chasteté. Jusqu'à ces trente dernières années, tous les hommes ou les femmes qui se sentaient appelés à la prêtrise ou à la vie religieuse acceptaient cette responsabilité. Si toutefois l'on s'arrêtait à cette question de la chasteté, ce n'était en général que pour se poser des questions très personnelles comme : « Est-ce-que j'y arriverai ? Puis-je rompre avec Rosemarie ? Puis-je vivre sans Bill ? »

A l'époque révolue où la culture était empreinte du refus de la sexualité dans les médias (souvenez-vous des vieux films romantiques où l'amour s'arrêtait au cou), les discours et les conférences sur la chasteté donnaient l'impression qu'une fois la décision prise, c'en était fini ! Il vous suffisait de surveiller la réincarnation de quelque Jézabel, de faire beaucoup d'exercice, si vous vouliez mourir en toute sécurité et avoir une carte de parcours parfaite. Quelques-uns de mes jeunes amis appartenaient à une société de promotion de la chasteté qui était dédiée à saint Thomas d'Aquin, connu pour sa pureté angélique. Ils avaient reçu un diplôme, sur lequel on voyait saint Thomas ceinturé par deux anges féminins costauds, tandis qu'une figure écarlate s'échappait d'un long cloître. Sur le seuil il y avait la torche en feu que saint Thomas, selon la légende, avait utilisée pour chasser la femme de vertu douteuse que sa famille lui avait envoyée pour le séduire. Pas de puritanisme dans le clan de saint Thomas d'Aquin.

Je dois confesser que j'étais pieusement envieux de mes amis dont les efforts pour être chastes étaient si bien reconnus, même s'il s'agissait d'une société secrète. Il faut tout de même noter que tous ces dévots de la bataille angélique pour la pureté ont perdu la guerre, alors que moi, sans un seul diplôme, j'ai continué et passé la moitié de ma vie à travailler avec de pauvres âmes, que le monde considère comme des femmes de vertu douteuse, sans qu'aucune jamais ne me fît un clin d'œil. De même que je n'ai jamais eu de cheminée dans mon bureau et donc pas de torche pour me sentir en sécurité.

L'Eglise et nombre de ses enfants parmi les plus engagés ont chèrement payé un célibat qui était sincère, mais mal compris. Le combat actuel pour le célibat des religieux et des prêtres a été une bataille à une étoile. L'ancien puritanisme a laissé des personnes mal préparées à comprendre leur engagement au célibat, mais le nouvel âge de l'expression sexuelle arrivé en même temps que l'égoïsme (érigé en valeur) est devenu un élément très fort de la psychologie populaire. L'égoïsme, une théorie psychologique inepte, considère qu'il faut être névrosé pour ne pas utiliser tous ses potentiels et répondre à tous ses désirs. Cette théorie a détruit l'engagement religieux, ainsi que de nombreux mariages et familles, avec une philosophie de vie tout à fait à l'opposé de l'enseignement de Jésus dans l'Evangile.[1] Ajoutez à cela la dislocation théologique qui suit fréquemment un conseil œcuménique réussi, et la scène est complète pour arriver à une perte généralisée de l'engagement à la vie religieuse

[1] Daniel Yankelovitch, *New Rules*. New York : Random House, 1981. Cf. Partie 1 pour une excellente analyse de l'égoïsme.

célibataire. D'un point de vue pratique, la sexualité a été le point de mire du conflit de la période qui a suivi le Concile.

En ce moment, cher lecteur, vous essayez peut-être de comprendre votre engagement au célibat, ou peut-être envisagez-vous cet engagement pour un jour futur. Malgré tout ce qui s'est passé depuis le milieu des années soixante, un nombre surprenant de jeunes, particulièrement d'hommes, prennent cet engagement face à un monde hostile.

Si vous vous apprêtez à vivre une vie religieuse dans la chasteté, votre première motivation sera de répondre à la volonté de Dieu sur vous. Vous répondez à une vocation, un appel à devenir disciple du Christ d'une façon difficile. Même l'incroyant le plus sceptique, qui pense que vous faites une grave erreur, devra admettre que vous essayez de prendre le bon chemin et d'entrer par la porte étroite. Vous ne devez d'excuses à personne pour avoir répondu à cet appel, puisqu'une bonne moitié des héros et héroïnes de la race humaine ont fait comme vous. Il vous faut avoir un sens profond de la confiance en Dieu et il est impossible à la nature humaine de réaliser ce que vous allez tenter, si ce n'est avec l'aide de la Grâce.

Il était à la mode chez les écrivains religieux il y a peu de temps de souligner la normalité de la vocation au célibat. Il me semblait que c'était là une bien étrange façon d'utiliser le mot normal qui signifie littéralement moyen. Je n'ai pas été vraiment surpris de voir beaucoup de ces célibataires « normaux » laisser tout tomber.

Le célibat religieux est extraordinaire dans toutes ses dimensions. Son origine, ses buts, son témoignage, sa valeur sont bien au-delà des notions ordinaires et superficielles sur lesquelles s'organisent la vie quotidienne. C'est un appel extraordinaire que Dieu adresse à des hommes et des femmes par ailleurs ordinaires. Voilà tout le sujet de la grâce ; voilà tout le sujet de l'Evangile. Voilà ce que veut dire le Christ dans ce merveilleux passage :

> *Les disciples lui disent : « Si telle est la condition de l'homme envers la femme, il n'est pas expédient de se marier. » Il leur dit : « Tous ne comprennent pas ce langage, mais ceux-là à qui c'est donné. Il y a, en effet, des eunuques qui sont nés ainsi du sein de leur mère, il y a des eunuques qui le sont devenus par l'action des hommes, et il y a des eunuques qui se sont eux-mêmes rendus tels à cause du Royaume des Cieux. Qui peut comprendre, qu'il comprenne ! »* (Mt 19, 10-12)

2 - La personne seule

La personne seule est celle qui n'a jamais accepté de se marier, ou n'en a jamais eu l'occasion. Le préjudice qu'endure la personne seule dans notre société est un thème constant, mais ne s'applique certes pas jusqu'à ce jour aux célibataires dynamiques de la société mondaine, qui de toute façon ne sont pas supposés être chastes. Si vous faites partie de ces personnes seules en-dehors de la *jet society*[1], il va falloir vous atteler à la question. N'ayez pas peur de regarder les raisons qui ont fait que vous êtes seul. Elles sont peut-être tout à fait valables et même nobles. Mais ces raisons sont généralement plus complexes qu'il n'y paraît, c'est pourquoi il vous faut envisager toutes les possibilités avant de décider. Voici quelques-unes des raisons le plus souvent invoquées.

Je n'ai jamais rencontré la bonne personne

Voici la raison consciente la plus courante. C'est une bonne raison, comme pourrait vous le confirmer celui ou celle

---

[1] *Jet society* : terme anglo-saxon désignant une couche assez aisée de la population qui à l'origine voyageait beaucoup.

qui s'est marié avec la mauvaise personne. Dans notre société, la plupart des mariages sont construits sur une complémentarité psychologique, plutôt que sur un besoin économique, et ils demandent une bonne dose de partage mutuel, ainsi que d'affection et de soin. La seule affection, qu'elle soit exprimée sexuellement ou non, ne suffit généralement pas à la bonne marche d'un mariage. Les chrétiens doivent croire que la Providence a dirigé leur choix d'un époux. Quelques-uns acceptent que dans la Providence de Dieu, ils sont appelés à une vie de célibataire. Il peut arriver pire ! Pensez à la femme qui avait épousé le vampire !

Derrière ce constat que la bonne personne ne s'est jamais présentée, il peut y avoir beaucoup d'autres facteurs ignorés. Une personne peut être trop particulière, ou absolument pas préparée à partager une vie dans toutes les complexités du mariage. Il peut y avoir une peur réelle de la sexualité, de l'inconnu, du dangereux. Il peut y avoir une incapacité générale à se faire des amis à l'extérieur de sa propre famille. Ce ne sont pas là les meilleures raisons pour choisir une vie seule, parce qu'elles révèlent des limites ou des manques chez l'individu.

Si vous soupçonnez que quelques-unes de ces raisons ont en partie dirigé votre choix, il vous faut l'accepter et l'affronter de façon créative. Il se trouve certainement des personnes mariées qui le sont pour des motifs qui n'étaient pas des meilleurs. Combien de femmes disent s'être mariées pour « sortir de la maison » ? Et combien d'hommes admettent qu'ils ont tout simplement besoin de quelqu'un pour s'occuper d'eux. Mais, tout comme un couple peut améliorer ses motivations et ses attentes du mariage, une personne seule le peut aussi. La décision de mener une vie chaste, productive et généreuse, est certainement le point de départ d'une nouvelle identité pour une personne seule.

Il nous faut dire un mot de ceux qui très tôt dans la vie s'imposent des buts spirituels assez élevés. Dans notre société où le sexe est plus présenté comme une forme de récréation que comme signe d'engagement dans le mariage, une personne seule, spirituellement motivée, peut trouver déchirant et quasiment impossible de trouver un époux approprié. Beaucoup de jeunes femmes accomplies m'ont partagé cette difficulté. Elles redoutent de donner un rendez-vous parce qu'elles ne veulent pas être moralement compromises. Elles hésitent devant la vie religieuse, parce que tant de communautés semblent instables et en recherche de leur propre identité ; elles voient donc avec angoisse arriver un célibat qu'elles n'auront pas pour autant accepté.

Voilà la question que devrait se poser quelqu'un dans ce cas-là : est-ce-que je recherche chez l'autre un degré de maturité spirituelle et de perfection que je n'aurais pas atteint moi-même ? Un époux éventuel peut rechercher des valeurs spirituelles solides. Comme je l'ai souligné dans mon livre *Spiritual Passages*[1], un chemin spirituel dans sa première phase est souvent semé d'embûches et d'échecs. Une personne qui a certaines valeurs spirituelles peut sincèrement souhaiter se marier avec un gourou. Cela paraît assez peu réaliste parce qu'en général les gourous ne se marient pas.

J'ai autre chose à faire

Ceux qui analysent les motifs du célibat comme un passe-temps s'en prennent à ceux qui se plaignent d'avoir eu autre chose à faire, mais cela peut être le cas pour beaucoup. Dans nombre de familles une personne reste seule pour s'occuper des parents ou d'autres membres de la famille. Quelques célibataires ont choisi de poursuivre une carrière, et le

[1] N.D.T. : *Passages Spirituel,*. Crossroad, 1983..

mariage est exclu pendant tout un temps ; c'est plus souvent le cas pour les femmes que pour les hommes. Mais puisqu'il y a plus de femmes que d'hommes, il y aura plus de femmes célibataires qui s'occuperont de leurs parents, ou qui s'attacheront à leur carrière. Nombreux sont aussi ceux qui, dans notre société, considèrent la vie de célibataire comme un choix valable, reconnu dans les cercles psychologiques mondains.

Chacun, après avoir opté pour le célibat, devrait passer en revue tous les motifs non reconnus que j'ai déjà cités. Et plus particulièrement ceux qui sont insatisfaits, voire dépressifs. (Le vieux refrain « s'il me fallait tout recommencer » n'est pas l'apanage des gens mariés ou des religieux.) Quelqu'un qui reste seul pour des raisons personnelles fera vite l'expérience de difficultés sexuelles résultant de la frustration. Nous l'aborderons au chapitre trois de la deuxième partie.

La volonté de mener une vie chaste est une manière toute particulière de se faire disciple. La prise de conscience de cet état de disciple peut être un grand soutien parce qu'elle donne un but au prix du célibat. Le respect de soi-même - et par conséquent la capacité à être une bénédiction pour les autres - sera largement renforcé par un engagement ferme à devenir disciple. La compréhension intellectuelle claire d'une motivation inconsciente aidera à renforcer cet engagement.

3 - Les personnes seules qui ont été mariées

Les veufs

Beaucoup de personnes veuves choisissent de rester seules. Cette décision peut provenir d'une loyauté profonde à l'époux disparu ou simplement de la prise de conscience qu'un autre mariage serait trop compliqué et trop exigeant. La chasteté est souvent un problème dans ce cas-là, puisque l'activité sexuelle faisait partie du rythme de vie.

Cependant, beaucoup de personnes au début de leur veuvage expérimentent une grande ferveur religieuse. Elles trouvent réconfort dans la vie éternelle et la prière. Leur amour du Christ et leur foi en Jésus Sauveur ne font que grandir, et elles aspirent à suivre les enseignements de l'Evangile. Mais le chagrin, la solitude, et l'éloignement de couples qui avaient été leurs amis, les rendent plus vulnérables aux pulsions sexuelles qu'ils ne l'avaient jamais été. Il y a donc un réel conflit pour les veufs et les veuves auquel les autres restent insensibles.

Une fois encore je leur suggère de regarder les raisons sous-jacentes de leur choix. S'ils acceptent ces raisons, ils pourront commencer à vivre leur vie de célibataire productrice et équilibrée. Bien que n'étant pas habitués à être seuls, il leur faut apprendre à vivre seuls et à aimer cet état. S'ils ne l'aiment pas, il leur faut alors envisager la possibilité d'un remariage.

Si vous êtes veufs ou veuves et n'avez pas l'intention de vous remarier, ne restez pas assis à ne rien faire. Vous trouverez dans les chapitres suivants quelques suggestions intéressantes sur la façon de mener une vie engagée qui vous aidera à éviter des comportements sexuels non désirés, en particulier l'auto-érotisme. Une vie pieuse, paisible et chaste de veuf ou de veuve, peut faire un vrai chrétien de celui qui se sent abandonné, et son expérience et sa compassion lui donneront une générosité dont il n'avait même jamais rêvé. C'est peut-être toute la différence entre vieillir et devenir un parent ou un ami important et équilibré pour tous ceux qui en ont besoin.

Les divorcés et ceux dont le mariage a été annulé

Parmi tous ceux qui vivent seuls, se trouve un nombre croissant de personnes qui sont passées par l'expérience douloureuse d'un échec. Même dans le cas où il y a eu prononciation de nullité du mariage, beaucoup ne souhaitent pas se remarier. Comme me l'a dit un groupe de femmes que j'ai rencontré à un rassemblement de catholiques séparés et divorcés : « On a compris ! »

Le passage à une vie de célibataire, particulièrement si l'on a des enfants, n'est pas facile. Les divorcés rencontrent les mêmes difficultés que de jeunes veufs ou veuves, mais il leur manque la respectabilité sociale, même si leur motifs étaient des meilleurs. Je suis profondément d'accord pour dire qu'il devrait y avoir une meilleure compréhension des divorcés dans l'Eglise.

Si vous êtes divorcés et souhaitez ne pas vous remarier et rester chastes, il vous faut vous concentrer sur votre potentiel, plutôt que sur la difficulté d'être divorcé. Comme toute souffrance, un divorce peut faire mûrir quelqu'un. Vous êtes sans doute beaucoup plus indépendant et autonome maintenant qu'auparavant. Vous avez, par nécessité, approfondi votre vie spirituelle, lorsque vous avez pris la douloureuse décision de la séparation et du divorce. Peut-être avez-vous eu une forte expérience d'abstinence sexuelle ; si vous lisez ce livre, vous avez donc appris à vivre avec ce manque.

Je vous suggère de faire d'un désastre une vocation positive. Nous connaissons tous quelqu'un qui est ressorti incroyablement grandi d'un accident le laissant paralysé, ou de toute autre catastrophe. Je connais beaucoup de personnes chez les Alcooliques Anonymes qui sont de bien meilleurs chrétiens qu'ils ne l'auraient été s'ils n'avaient pas connu l'horreur de l'alcool. Un mariage qui finit par un divorce est une tragédie, mais une tragédie peut faire grandir et peut faire de quelqu'un un disciple. Tôt ou tard, nous aurons un saint patron pour les divorcés. Alors les possibilités spirituelles d'un style de vie chaste dans le célibat seront formellement reconnues. En attendant, si vous êtes divorcé, essayez, peut-être serez-vous ce saint patron.

La personne qui est seule par peur

Nous sommes tous d'une certaine façon effrayés par la sexualité, parce qu'elle est une force puissante. Elle peut même conduire à des comportements destructeurs voire suicidaires. La plupart d'entre nous parviennent à surmonter suffisamment cette peur pour se marier, et à apprivoiser la sexualité de la manière la moins effrayante.

Beaucoup d'hommes et de femmes sont pourtant effrayés par l'intimité en général, et l'intimité sexuelle en particulier. Peut-être ont-ils grandi dans des environnements surprotégés, ou au contraire dans un laxisme sexuel qui de toute évidence était une cause de discorde et de souffrance. Une expérience sexuelle terrifiante vécue par un enfant, particulièrement avec un adulte, peut générer une peur permanente de l'intimité sexuelle. Ceux qui ont subi un traumatisme de ce genre peuvent décider qu'ils sont incapables de vivre les exigences d'une intimité que sous-entend tout mariage heureux.

Si vous êtes resté seul par peur, vous êtes peut-être encore assez jeune pour envisager un conseil en profondeur ou une psychothérapie, qui vous aidera à prendre la décision du mariage ou du célibat dans une plus grande liberté. Un style de vie doit être choisi dans la plus grande liberté intérieure possible. Il se peut qu'il soit trop tard pour envisager un tel projet, mais vous pourrez vous sentir plus à l'aise dans votre vie de célibataire.

Le problème est que ceux qui restent seuls par peur sont entraînés par leurs désirs sexuels à des attitudes qui ne sont moralement pas acceptables et personnellement humiliantes. Leur vie peut être gâchée par des formes subtiles et déguisées de satisfaction sexuelle. Une attirance pour des formes de plaisir équivoques, certaines pulsions de voyeurisme, et des comportements confus peuvent résulter d'un conflit dans l'acceptation de la vie de célibataire. Une vie seule acceptée par peur n'est en aucune mesure nécessairement chaste.

S'il vous semble que vous êtes seul par peur, ce livre peut beaucoup vous aider. Il peut vous ouvrir la possibilité d'une réelle décision : un choix conscient, délibéré, d'une vie chaste de célibataire. En suivant l'Evangile et en menant une vie chaste, vous pourrez vivre une profonde guérison intérieure et trouver un nouveau sens à votre dignité de chrétien. Un trop grand apitoiement sur soi ou une trop grande indulgence sont souvent des facteurs qui empêchent une vie de chrétien. Si vous vous sentez piégés dans de telles attitudes, le combat pour mener une vie chaste peut vous faire entrer dans une vie totalement nouvelle.

La personne seule qui a des penchants homosexuels

Nous commençons seulement à prendre conscience du grand nombre de personnes dans notre société qui luttent avec des aspects divers de ce que nous appelons « l'homosexualité ». Ce phénomène psychologique complexe qui fait qu'une personne est attirée par des personnes de son propre sexe doit être abordé avec quelques détails. Nous présenterons une analyse plus détaillée de la chasteté et des personnes à tendance homosexuelle dans le chapitre trois de cet ouvrage ; pour l'instant nous nous en tiendrons aux tendances homosexuelles prises comme motivation du choix du célibat.

Beaucoup parmi ceux qui, à tort ou à raison (je pense le plus souvent à tort) se considèrent homosexuels, ont choisi de rester seuls. Peut-être ne sont-ils absolument pas attirés par le mariage ou, s'ils éprouvent quelque attrait pour le mariage, ils ne veulent pas faire prendre à un autre le risque d'un échec. Quelques-uns fantasment sur une union homosexuelle exclusive et durable, mais de telles relations restent rares.

A la suite du travail clinique que j'ai effectué auprès d'un assez grand nombre d'adultes à tendance homosexuelle, je peux dire que beaucoup, pour ne pas dire la plupart des homosexuels, finissent par mener leur vie seuls avec quelques rapports sexuels occasionnels ou quelques amitiés sexuelles. Cela permet d'entretenir l'illusion que le bon partenaire viendra un jour. D'autres se retirent simplement de la scène homosexuelle et mènent des vies tranquilles avec peu d'activité sexuelle. L'agitation des relations homosexuelles, le danger d'une maladie grave ou fatale et la peur de se mettre à jour, tout cela pousse plutôt à se retirer une fois passée l'ardeur de la jeunesse. Quelques-uns, convaincus du bien-fondé de l'enseignement traditionnel de l'Eglise sur l'inacceptabilité morale des actes génitaux homosexuels, essaient de vivre chastement, avec souvent bien des difficultés.

Si vous pensez que des tendances homosexuelles rendent le mariage impossible, vous avez deux choix : vivre chastement en célibataire, ou subir les tourments d'un comportement génital homosexuel non-désiré. L'enseignement de la tradition catholique clairement réitéré par la plus haute autorité pastorale de l'Eglise, en notre temps, demande aux homosexuels de vivre chastement.[1] Vous pourrez toujours rencontrer des professeurs, religieux ou laïcs, qui vous

---

[1] Cf. Pape Jean Paul II, *Déclaration aux Evêques Américains de Chicago*, 5 octobre 1979.

tiendront un autre langage, mais ils ne peuvent pas nier que la tradition catholique demande la chasteté dans de tels cas.

Si vous désirez essayer de mener une vie chaste, ou si vous le faites déjà, ce livre vous aidera. Il n'est pas facile d'être chaste, lorsque l'on est soumis à des tendances homosexuelles, mais cela n'est en aucun cas impossible, même si vous avez dans le passé eu une activité homosexuelle. J'ai vu ce combat devenir une invitation à une croissance spirituelle profonde et aboutir à une vie sainte. Je suspecte même un certain nombre de saints canonisés d'avoir trouvé la route de la sainteté dans ce combat.

Les esclaves du plaisir, que ce soit le plaisir sexuel ou toute autre forme de plaisir, se retrouvent tous dans la même galère, mais enchaînés à des avirons différents. Et les hommes et les femmes de l'Esprit, libres, marchent tous sur le même chemin de sainteté, même si c'est la grâce de l'Esprit Saint qui les a amenés là, à travers des expériences diverses.

Le célibataire qui lutte contre des aberrations sexuelles

Dans ma vie de prêtre et de psychologue, j'ai rencontré un certain nombre de personnes qui sont restés seules parce qu'elles avaient connu des tendances sexuelles aberrantes. Beaucoup de psychologues et de psychiatres pensent que ces aberrations, tout comme les tendances homosexuelles, sont le fait d'une fixation ou d'un développement sexuel stoppé, à un moment précoce du développement psychosexuel. Ce sont des pathologies à n'en pas douter douloureuses, que l'on peut trouver chez des individus productifs et pour le reste bien équilibrés. Ces pathologies présentent une gamme assez large, dont quelques-unes ne sont pas populairement reconnues comme telles. Ainsi par exemple un besoin impérieux d'être hétérosexuellement équivoque est certainement une déviation sexuelle, bien que l'amoralité ambiante des médias fasse de l'obsédé sexuel un héros.

Ces aberrations telles que les tendances sadomasochistes font peur à l'individu, même si elles ne sont pas exprimées. D'autres, comme l'exhibitionnisme ou les travestis, sont très embarrassantes. D'autres encore peuvent avoir des conséquences légales graves, par exemple, la pédophilie, l'attraction pour les enfants. Des déviations comme le fétichisme (le fait d'attacher une signification sexuelle à des objets neutres) et le voyeurisme sont de simples désagréments. Il y a trop d'aberrations pour les énumérer toutes, mais ce que nous allons dire ici s'applique à toute personne qui souffre de l'une d'entre elles.

Beaucoup de personnes, autrement équilibrées, souffrent de l'un de ces problèmes et n'ont jamais eu l'occasion d'une thérapie ou bien n'en ont jamais perçu l'utilité. La personne qui souffre d'une aberration (un mot qui signifie simplement hors de la voie normale) peut se marier et cacher ce problème à son époux ou son épouse. Il est cependant plus probable que cette personne choisira de rester seule. Cette décision, tout comme celle de rester seule par peur, va occasionner chez l'individu qui aura des besoins sexuels non satisfaits, des frustrations et des humiliations. Cette vie de célibataire peut alors devenir une malédiction, piéger et gâcher toute une vie.

Dans ce cas-là, l'appel à une vie chaste peut être un réel et profond soulagement. La chasteté peut être le moyen d'échapper à un cauchemar. Il sera néanmoins toujours nécessaire d'avoir recours à un confesseur bien informé ou à un directeur spirituel, et peut-être serait-il bon de renouveler une thérapie dans cette nouvelle situation avec pour but la chasteté et la productivité. Personne ne doit se sentir responsable de ces déviations qui proviennent de faits vécus dans l'enfance. Il est important de le souligner pour que ces personnes ne se sentent pas rejetées de Dieu et des hommes. La chasteté que Dieu propose à ceux qui veulent suivre son chemin peut être le seul moyen de sortir d'une situation difficile. Il nous dit à tous : *« Venez à moi vous tous qui peinez et ployez sous le fardeau »* (Mt 11, 28).

4 - Le droit d'être seul et heureux

Personne n'a à s'excuser d'être seul. Comme toute situation humaine, excepté une vie de péché, vivre seul peut être un appel à une vie de disciple. Si vous vous rendez compte que vous vous excusez d'être seul, c'est votre problème et celui de personne d'autre.

Beaucoup de personnes seules sont leur propre ennemi. Elles choisissent de vivre d'une telle façon qu'elles ne peuvent que se sentir misérables et aliénées. Des besoins sexuels non comblés ou parfois furtivement satisfaits génèrent une grande frustration et une passion solitaire.

Il y a un meilleur chemin : *« Heureux ceux qui marchent dans la loi du Seigneur »* (Ps 119, 1). Heureux ou béni signifie simplement cela - en paix, satisfait, même au milieu des difficultés. Dans ces temps de malheur et de scepticisme, le chrétien célibataire doit être un témoin de la paix que le monde ne peut pas donner. On ne peut pas donner ce témoignage, simplement en évitant les interdits. Ce témoignage, comme nous allons le voir, relève de toute une manière de vivre.

CHAPITRE III

LA SEXUALITÉ DANS LE CÉLIBAT

Certains psychothérapeutes ont souligné ces dernières années qu'il y avait un facteur commun dans la vie de ceux qui ont de graves problèmes sexuels : le manque de réalisme, un refus profondément enraciné d'accepter la réalité. L'acceptation ou l'affirmation de la réalité est le point de départ de tout combat avec soi-même et, selon Van Kaam, le début d'un changement thérapeutique.[1]

Tous ceux qui ont des problèmes sexuels graves sont toujours dans l'attente irréelle de la Reine Guenièvre ou du Prince Galaad, ils attendent la femme parfaite ou le chevalier blanc. Paradoxalement, une des formes les plus dangereuses de ce manque de réalisme est de croire que l'on peut vivre sans sexualité. On retrouve là la vieille hérésie du

---

[1] Adrian Van Kaam, *The Art of Existential Counseling*, Denville, N.J. Dimension Books, 1966, Chapitre III.

manichéisme ou des cathares qui a conduit il y a longtemps à des excès sexuels terribles de la part de ceux qui se croyaient absolument purs. Ces hérétiques égarés nous rappellent que l'une des formes les plus dangereuses du manque de réalisme sexuel est de prétendre que les hommes peuvent être des anges.

Le fait d'accepter et de vivre avec cette réalité que Dieu nous a fait créatures humaines et incarnées, ne signifie pas qu'il faille tomber dans les plaisirs sensuels. Cela signifie que notre sexualité sera souvent ressentie et exprimée de diverses manières. L'expression sexuelle dans sa forme la plus élevée est liée aux émotions tendres et au besoin d'intimité ; la personne qui recherche la chasteté dans le célibat ne doit pas pour autant supprimer la tendresse et l'émotion parce qu'elle cherche à éviter tout comportement prégénital ou génital. Comme dans la plupart des domaines de l'épanouissement humain, on avance sur une lame de couteau, essayant d'éviter tout autant le puritanisme irréaliste qu'un comportement inapproprié déguisé en vertu. Je finis par suspecter à la fois la bataille angélique des années 40 et la « troisième voie »[1] des années 70 de n'avoir été qu'un refus de la réalité sexuelle.

Le chrétien qui vit seul et veut vivre chastement doit gérer des pulsions et des besoins sexuels, des fantasmes et des tentations, et peut-être parfois des sentiments de colère et de frustration parce qu'un appel de Dieu a empêché la satisfaction d'un besoin aussi fort. Il ne sera d'aucune utilité de s'apitoyer sur son sort ; cette tentation peut être vite chassée en reconnaissant simplement que tout être humain doit faire face à des pulsions qu'il ne peut pas satisfaire.

---

1 Pour ceux qui ne connaîtraient pas ce terme, la « troisième voie » est une abréviation pour la théorie selon laquelle ceux qui sont voués à la chasteté pourraient s'engager dans des relations émotionnelles profondes avec le sexe opposé sans réel danger pour leur engagement.

Qui peut sans danger pour sa santé satisfaire totalement son appétit de nourriture ? Qui peut sans limite laisser libre cours à sa colère ou ses contrariétés ? Qui peut se laisser aller à quelque plaisir que ce soit, sans restriction ?

Quelqu'un peut-il s'adonner à toutes ses pulsions sexuelles et rester une personne équilibrée ? Une personne seule qui veut rester chaste doit être capable de s'imposer de plus grandes restrictions et de supporter une plus grande frustration de son appétit. Elle doit devenir un ascète qui modère consciemment tous ses appétits, et en réfrène un plus particulièrement, la sexualité.

1 - L'intimité dans la vie d'un célibataire

L'intimité est la grande question qui se pose aux personnes seules. Une personne seule doit-elle être un solitaire, quelqu'un qui réprime ses émotions, enfouit ses sentiments, exprime peu de chaleur et d'affection ? A la question ainsi posée, même le plus sobre puritain de la première moitié de ce siècle répondrait, « bien sûr que non ».

Et pourtant la question intéressante, celle qui perturbe, reste posée : une personne seule qui veut vivre chastement, qu'elle soit religieuse ou laïque, doit-elle éviter toute relation d'intimité et d'affection qui peut conduire à une expression sexuelle ? Beaucoup d'écrivains contemporains répondraient avec enthousiasme « non ». Pour ma part je dirais plutôt « parfois non, parfois oui ». J'admets que cette réponse est plus difficile et qu'elle ennuiera ceux qui préfèrent les solutions de facilité, particulièrement dans un domaine aussi imprécis que les besoins psychosexuels. Mais les réponses difficiles à des questions complexes font le piment de la vie. Voyons maintenant comment nous pouvons clarifier cette apparente ambiguïté.

Le besoin d'intimité et le support émotionnel sont aussi complexes que la pulsion sexuelle est simple. Il suffit d'observer les oiseaux et les abeilles pour comprendre que la satisfaction du besoin génital est la chose la plus simple qui soit. Même chez les êtres humains les actes aussi bien que les relations sexuelles sont à la portée des plus dépourvus de pensée et cela sans aucune discrimination.

Et pourtant, le besoin d'affection et d'intimité personnelle est très complexe. Très tôt l'enfant apprend à exprimer ses besoins. Les scientifiques qui étudient le comportement ont constaté que des besoins d'affection ou d'amour, mal ou peu satisfaits dans l'enfance, peuvent provoquer des désastres plus tard. Pour grandir, l'enfant a besoin de toute sorte d'affection et de renforcement émotionnel s'il en est. Les besoins affectifs des nourrissons et des enfants sont dénués d'expression sexuelle dans le sens où l'entend un adulte. Chez les adolescents, quelques relations affectives peuvent avoir des connotations sexuelles. L'adolescent aimera ses amis garçons d'une certaine façon, et ses amies filles d'une autre façon. Même un adolescent qui a des tendances homosexuelles pourra éprouver de l'affection pour des femmes, bien que n'ayant pas ou peu d'attrait sexuel pour elles. Il en est de même pour une fille qui a des tendances homosexuelles.

Tout être humain raisonnablement équilibré éprouve des attractions non-sexuelles et des réactions affectives pour les autres. Les membres de notre famille, les personnes âgées, des enfants, des personnes qui ne sont pas sexuellement attirantes, des amis - tous sont l'objet de notre puissant besoin d'affection. Lorsqu'ils répondent chaleureusement au besoin que nous exprimons envers eux, ils n'éveillent aucune attirance sexuelle. C'était une illusion de Sigmund Freud - illusion qui lui a valu de perdre bon nombre de ses disciples - que toute attirance est libidineuse et basée sur un besoin sexuel déguisé. Dans le monde des sciences du comportement peu de personnes aujourd'hui prennent au sérieux le pansexualisme de Freud, même si beaucoup de personnes, y compris moi-même, pensent que le besoin affectif, sexuel ou non sexuel, provient de l'expérience isolée non différenciée du nourrisson.

Bien que nous ayons tous des rapports intimes qui, de toute évidence, ne sont pas sexuels, le plus difficile reste les relations affectives qui risquent d'avoir des retombées sexuelles. Il est clair qu'une personne qui a choisi de rester seule et chaste pour l'une ou l'autre des raisons évoquées au chapitre deux, doit éviter toute relation intime qui conduit normalement à une expression sexuelle voire génitale. Nous avons, pour la plupart, des amis qui nous attirent ou pourraient nous attirer sexuellement. Il ne faut pas beaucoup d'imagination pour réaliser que de telles amitiés pourraient aboutir au désir d'une expression sexuelle, si l'on ne réfrène pas certains aspects de cette relation.

L'amitié entre couples mariés du même âge nous donne l'exemple le plus évident de ce besoin de frein. Les partenaires opposés pourraient facilement éprouver une attirance sexuelle l'un pour l'autre. Dans de telles amitiés de couple, il est facile de remarquer que des convenances et des freins subtils sont rapidement utilisés.

Le célibataire est dans une position plus difficile vis-à-vis d'amis qui lui sont sexuellement attirants. De toute façon, la vie de célibataire demande un contrôle sexuel beaucoup plus grand que la vie de couple. Des expressions d'affection peuvent rapidement se transformer en fantasme sexuel. Pour une personne qui a toujours mené une vie chaste, le fantasme est plus fort, parce que la sexualité a toujours une sorte d'aura mythologique. L'abstinence peut passagèrement nourrir l'irréalisme. C'est pour cette raison que beaucoup de célibataires religieux ont éliminé beaucoup de relations humaines qui pouvaient éventuellement avoir des composantes sexuelles.

Une personne seule qui cherche à éviter toute relation dans laquelle peut survenir une attirance sexuelle, sera vite retirée dans son coin. D'autre part, les personnes seules qui s'engagent dans des relations exprimées émotionnellement avec des amis sexuellement attirants, se retrouveront vite sur la voie du mariage ou du moins engagés dans une relation amoureuse. Beaucoup de défenseurs de la « troisième voie » pour les célibataires se retrouvent exactement dans cette position.

Ce défi complexe peut sans doute se résumer à quelques suggestions pratiques, ce qui paraît particulièrement bien adapté puisqu'il s'agit de problèmes que nous rencontrons dans la vie de tous les jours, et donc rarement théoriques.

1. La personne seule doit entretenir un grand nombre de relations dont quelques-unes seront intimes et affectionnées. Ce seront des relations avec la famille et des amis, et peut-être aussi avec quelques personnes qui sont sexuellement attirantes. Beaucoup de personnes seules ne réalisent pas que l'amitié doit être entretenue, cultivée comme des plantes dans un jardin. Si vous pensez que l'on peut vous aimer simplement parce que vous êtes vous, vous avez raté votre vocation. Vous auriez dû être Dieu.

2. Tout le monde a besoin d'au moins un ami intime, de préférence plusieurs. Si vous voulez vivre votre célibat chastement et dans la paix, il est plus avisé de nouer des relations avec des personnes qui ne vous attirent pas sexuellement. Sans quoi la vie devient trop difficile. Les relations intimes avec des personnes sexuellement attirantes aboutissent en général à une expression sexuelle ou à un conflit.

3. Une personne célibataire qui a des amis sexuellement attirants, aura besoin d'une certaine dose de circonspection. Il faudra éviter la manipulation, toute forme subtile de séduction, et l'exclusivité. Une personne honnête sera suffisamment humble pour reconnaître quand la séduction s'est accidentellement insinuée dans une relation. Si l'on veut réellement rester célibataire, on peut difficilement jouer à ce jeu de l'amour avec l'affection ou la vie d'un ami.

4. Une amitié des plus solides peut se nouer avec un « compagnon de vie intérieure ». Ce type de relation si bien décrit par Morton Kelsey, est particulièrement importante pour une personne seule et chaste.[1] Quoi de plus engageant que de rencontrer d'autres personnes sur notre chemin spirituel, que saint Augustin appelle le chemin le plus long, le raid dans notre « Sinaï intérieur » ?

De vrais compagnons spirituels doivent toujours accepter que Dieu ait la première place dans notre amour. Ces amitiés de nature particulière ne doivent pas être exclusives ou manipulatrices. On devrait si possible avoir plusieurs compagnons spirituels. S'il arrive que l'un d'entre eux exerce une quelconque attirance sexuelle, il ne faudra pas nécessairement couper court, mais l'honnêteté, la sincérité d'intention (appelée pureté de cœur) doit toujours être préservée. Si cette amitié spirituelle se transforme en relation sexuelle hors mariage, les personnes impliquées peuvent se faire beaucoup de mal, à elles-mêmes et aux autres, parce qu'elles pourront renforcer leurs propres mécanismes de défense en niant et en rationalisant. De telles amitiés peuvent survivre même si l'aspect spirituel diminue. Cependant, si l'une des personnes avait déjà décidé de rester célibataire, il

---

[1] Morton Kelsey, *Companions on the inner way*, New York : Crossroad, 1983.

en ressortira un profond conflit et quelqu'un sera définitivement blessé.

2 - Les expressions chastes de la sexualité

Cette phrase peut vous surprendre. Nous avons déjà fait le lien entre les mots sexuel et génital, le dernier impliquant la mise en cause des organes reproducteurs. Le fait est que nous exprimons notre identité sexuelle dans la manière dont nous marchons, parlons, nous habillons, travaillons et nous amusons. Chaque personne a droit à la propre expression de son image, à moins que comme pour Bluebird ou Jézabel, cette expression ne soit dommageable pour les autres.

Si vous êtes seul, il serait peut-être bon de vous interroger sur vous-mêmes. Est-ce que vous vous plaisez à vous-mêmes, ou êtes-vous mal à l'aise et essayez de projeter une fausse image ? Certaines personnes seules peuvent s'habiller ou se comporter de manière à séduire par pure naïveté, et d'autres peuvent traverser la vie dans une sorte de neutralité qui fait que l'on se demande parfois s'ils sont hommes ou femmes. Je ne parle pas d'une femme trop autoritaire ou d'un homme trop raffiné, mais de personnes qui ont choisi de se présenter comme des zéros sexuels. Cela me fait dire qu'ils ne sont malheureusement pas en paix avec leur sexualité.

Ici se pose un problème particulier pour les personnes seules qui ont des tendances homosexuelles. Ceux qui tentent de vivre la chasteté souffrent de se sentir malhonnête parce qu'ils ne révèlent pas leur tendance aux autres. Ils restent « dans l'ombre ». Leurs amis et leurs parents peuvent ne pas être prêts à ce qu'ils révèlent directement leur tendance. Un homme qui avait renoncé à une longue carrière d'homosexuel m'écrivait ceci : « Je suis fatigué d'être ce que je ne suis pas. J'en ai assez de voir deux pour cent de mon corps dominer toute mon existence. Je suis fatigué de penser de moi que je suis un homosexuel. Je ne le suis pas. Je suis une personne, et je me dois à moi-même d'être une personne pour être moi. »

Pour d'autres raisons, les prêtres et les religieux se sentaient forcés de se présenter de façon neutre. La plupart du temps c'était inutile, et tous ceux qui connaissaient la vie religieuse savaient que beaucoup d'entre eux se sentaient bien avec des personnes de leur propre sexe, même si leur sexualité était bien contrôlée. Si l'on se penche un tant soit peu sur la vie des saints religieux, on peut remarquer que ces remarquables chrétiens donnaient une image très claire d'eux-mêmes.

Que dire alors d'un homme peu masculin et d'une femme peu féminine ? C'est une question réelle pour les personnes seules en général et pour les religieux en particulier. Dans les professions d'assistance, parmi les professeurs, les travailleurs sociaux, les professionnels de la santé et le clergé, beaucoup d'hommes ont une *« anima »*, un côté féminin très développé, et beaucoup de femmes semblent avoir un *« animus »*, un côté masculin assez fort dans leur personnalité. Cet équilibre permet à l'individu d'aider les autres d'une façon créatrice. Celui ou celle qui découvre dans sa personnalité un composant assez fort de l'autre sexe, se doit tout simplement d'être objectif et de faire attention à son aspect extérieur. Il n'est certainement pas souhaitable de transmettre un message confus et conflictuel à partir de sa propre image.

Une forme assez curieuse d'agression passive et de rejet de soi peut se développer chez un garçon particulièrement doux ou chez une fille particulièrement agressive. Ils peuvent être entraînés par les autres à se détester. Si de plus une angoisse sur l'homosexualité vient se surajouter, la personne peut alors devenir autoritaire et se détruire elle-même. Il me semble que pour une grande part, la manière de se donner des airs ou de se moquer de soi-même - jusqu'à l'usage du mot « gai »[1] - est un reste de haine de soi de l'enfance ou de l'adolescence. Cette propension à se faire du mal est une sorte d'autopunition qui ne rend pas la vie seul plus facile ou plus productive.

Un des clichés de la psychologie populaire est que chacun doit être à l'aise avec sa sexualité. Ceci semble plutôt être une description du monde avant la chute. Peu de personnes en-dessous de soixante-quinze ans (quelques-uns disent quatre-vingt-dix), sont réellement à l'aise avec leur sexualité. C'est une force trop complexe et trop puissante, si familière aussi et pourtant enfouie dans notre subconscient.

Chacun, y compris les personnes seules et chastes, doit essayer, consciemment et intelligemment, d'intégrer la sexualité dans toute sa vie.

La chasteté est l'une des expressions de la sexualité. Dans la mesure où elle ne l'est pas, l'abstinence sexuelle traduira la répression et l'irréalisme. Toute personne mature doit être réaliste sur sa sexualité, à fortiori quelqu'un qui cherche à vivre une vie chaste.

3 - La sexualité préconsciente

Le désir sexuel, avec ou sans émotions tendres et un certain besoin d'intimité, font partie de toute vie humaine. Une personne seule doit vivre avec ce désir, reconnaissant que l'abstinence sexuelle peut faire que l'esprit inconscient et préconscient sera plutôt plus que moins actif sexuellement. Il ne rentre pas dans le cadre de ce livre d'examiner la relation de la personne consciente, responsable de sa pensée et de sa

[1] Le terme anglais « gay » (en français « gai ») désigne les personnes à tendance homosexuelle.

morale, et l'immense océan de l'inconscient. L'étude de cette relation est l'un des grands drames de la psychologie moderne ; les personnes qui refusent de voir les questions profondes qui se posent sont souvent blessées par une implication inconsidérée dans l'inconscient, tout comme ceux qui connaissent bien la mer se noient.

Nous verrons au chapitre un de la deuxième partie comment traiter de manière créative le préconscient et l'inconscient. Pour l'instant, il nous suffit d'indiquer que le célibataire qui vit dans la chasteté, comme tout un chacun, ne peut pas s'attendre à sonder avec son intelligence ni à éliminer avec sa volonté les flots du désir sexuel ou le besoin d'affection et d'intimité. On ne peut espérer surmonter l'agressivité qui émane de différentes façons de notre psyché et qui est centrée sur soi, qu'après une longue vie de combat. C'est là la tâche de la spiritualité de nous aider à faire face à de vastes courants, sans essayer de les enrayer. C'est dans ces profondeurs que se trouvent les profonds systèmes d'énergie de l'existence humaine, y compris l'énergie de répondre à l'appel de Dieu à la sainteté.

Dans ces profondeurs se cachent aussi les effets les plus dangereux du péché originel, quelques-uns innés et quelques-uns dérivés de l'environnement. A ne pas vouloir reconnaître et traiter l'inconscient, on court à la catastrophe. Frances G. Wickes, une psychologue américaine de l'école de Jung qui s'est longtemps intéressée à la vie spirituelle, nous a transmis l'observation suivante, sur l'« ombre », un terme qui représente la partie inconsciente de notre psychisme, et renferme à la fois des aspects positifs et des aspects négatifs.

> Les obstacles de la vie paraissent parfois insurmontables même s'ils sont affrontés avec courage, on peut alors

découvrir que cette difficulté est en partie due à l'activité de l'« ombre ».[1]

Wickes envisage le cas d'un homme qui, par sens des convenances, a supprimé ces sentiments mystérieux et troublants en les cachant sous un silence poli afin d'avoir un environnement harmonieux. Elle fait ensuite l'observation suivante quant aux effets d'un tel refoulement :

> La réalité s'efface lorsque l'on craint tout ce qui pourrait perturber le calme apparent, que ces réalités soient dans la situation intérieure ou extérieure. Les difficultés peuvent alors se projeter. Le démon est à l'œuvre chez l'autre. Les ombres des autres se mettent en travers du chemin et il faut les éviter. La vie extérieure se rétrécit et la vie intérieure prend plus de place. Mais là en bas, l'ombre fait un bon dîner.[2]

Le cas ci-après illustre bien l'importance de la sexualité préconsciente et l'engagement intelligent de l'ombre. Les faits donnés respectent la vérité, seuls quelques détails ont été changés.

Edward était un pieux et intelligent séminariste, à deux ans de l'ordination et de la prêtrise. Il venait de ce que tout pasteur aurait appelé une famille idéale. Ses parents étaient pieux, travailleurs et de bonne éducation. Ils travaillaient tous deux pour donner à leurs enfants tout ce qu'ils pouvaient, et les préparer pour ce monde-ci et l'au-delà. Ed n'avait qu'un seul but dans la vie : être missionnaire.

La chasteté était une valeur importante dans sa vie et il croyait être bien préparé à la vivre. Ses parents l'avaient bien instruits des « choses de la vie ». Ses frères et sœurs aînés

---

[1] *The Choice is Always Ours*, Editions Phillips Howes, Wheaton, Ill. : Quests books, 1972 (publié par Harper & Row, 1966), pp. 309-310.

[2] idem p. 310.

étaient déjà mariés et il avait entendu parler de leurs expériences tandis qu'ils se préparaient au mariage. Ed avait une conscience très forte : son contenu intellectuel et sa capacité à maîtriser son comportement pouvaient susciter l'admiration des théologiens. Un psychologue aurait détecté une tendance à voir trop les choses en noir et blanc, ce que l'on appellerait un super ego rigide. Il était très attentif aux autres, impliqué dans les questions sociales et compatissant aux besoins du nécessiteux.

Un été Ed a dû travailler dans un quartier très pauvre. A son grand effroi, il s'est trouvé engagé dans des relations avec deux filles différentes. Toutes les deux avaient une certaine expérience de la sexualité. Ni l'une ni l'autre n'était choquée ou scandalisée de l'attitude d'Ed parce qu'elles le plaignaient. « C'était un garçon si chouette qui semblait connaître si peu de la vie », voilà ce qu'elles disaient. Ed s'est retiré pendant un an du séminaire et a travaillé dans une agence sociale. Son comportement a totalement échappé à son contrôle, bien que son système de valeurs et de conscience n'ait pas changé. Sur mon conseil, il commença une thérapie avec un psychologue religieusement orienté. Ed s'est également mis en prière fervente pour demander l'aide de Dieu. Il a finalement conclu qu'il n'était pas fait pour la prêtrise - il lui semblait qu'il ne pourrait pas vivre sans intimité sexuelle.

Il est maintenant marié à une femme très pieuse et ils ont plusieurs enfants. Ed m'a expliqué plus tard qu'il n'avait pas eu d'autre choix que le mariage. Il lui semblait que Dieu n'avait pas répondu à ses prières, ne lui avait pas donné la grâce de vivre le célibat et lui avait donc indiqué que le mariage était la voie qu'il lui fallait suivre.

Voici un cas troublant pour diverses personnes. La personne pieuse pensera que Ed a été malhonnête ou alors qu'il n'était pas à sa place au séminaire. Je défie quiconque de connaître cet homme et de continuer à le croire.

D'autres pourront penser que le cas d'Ed suggère simplement que le célibat obligatoire pour les prêtres éloigne quelques hommes valables de la prêtrise et qu'il devrait être aboli. Le fait est que beaucoup d'hommes qui ont eu des parcours similaires à celui d'Ed sont des prêtres très heureux, capables de rester chastes sans difficultés. D'autre part, certains pourraient dire que Ed était condamné à vivre un mariage malheureux puisqu'il s'est marié pour résoudre ses problèmes. Mais il est heureux en mariage. Lui et sa femme se ressemblent en beaucoup de points, et ils ont un foyer heureux depuis un certain nombre d'années.

L'expérience d'Ed me fait dire que la répression est une forme de contrôle sexuel dangereuse, particulièrement lorsqu'elle est utilisée pour gérer sa propre sexualité. Ed m'a expliqué que chaque fois qu'il prenait conscience de la moindre attraction sexuelle ou du moindre fantasme, il le chassait énergiquement de son esprit. Il n'était jamais troublé par des tentations d'auto-érotisme ou de toute autre expression sexuelle. En ce qui concernait la chasteté il avait, à l'âge de dix-sept ans, conquis tout ce qu'il y avait à conquérir. Il avait très peu de tentations, jusqu'au jour fatidique où ce besoin irrésistible l'a frappé de plein fouet. La morale de cette histoire est qu'il est certainement plus efficace de gérer sa vie par un contrôle conscient avec tous les combats que cela implique plutôt que par la répression ou encore en enfouissant toutes ses pulsions dans l'inconscient.

Bien qu'étant intelligent, Ed n'a jamais réellement assumé la responsabilité de son comportement sexuel, parce qu'il n'avait jamais été mis au défi. Lorsque le défi s'est présenté, ses instincts sexuels refoulés ont été si forts qu'ils l'ont submergé comme une vague de fond. Au lieu d'endosser la responsabilité de son comportement, Ed a prié en attendant un miracle spirituel - la disparition de toutes ses pulsions sexuelles. Une fois encore, il ne s'est pas pris en charge. Il aurait fallu faire comme chez les Alcooliques Anonymes, même lorsque l'on admet que l'on est impuissant. L'esprit d'Ed et l'image qu'il avait de lui-même étaient trop rigides pour admettre cela et pour le traiter avec objectivité. S'il avait pu admettre l'idée qu'il était un pauvre et faible pécheur, comme tout un chacun, il aurait pu tâtonner à travers les défis de ses besoins refoulés et, avec la grâce de Dieu, parvenir à un contrôle conscient.

Vous pouvez vous poser la question comme je me la suis posée : Pourquoi n'a-t-il pas reçu une grâce spéciale pour sortir de cette ornière ? Cette question nous conduit à la question plus large de la Providence de Dieu. Sans doute cela ne devait-il pas être. Ed avait quelque chose de plus fort encore que sa vertu, c'était sa foi. Dans toutes ces ténèbres, il a cru que Dieu voulait le conduire là où il devait être. Quand je suis allé chez Ed et sa femme, j'ai reçu la certitude que c'était bien ce que Dieu avait voulu. Si nous croyons, nous donnons à Dieu la chance d'écrire droit avec des lignes courbes.

4 - Attirance et passion

Nous avons déjà abordé les relations qui sont basées sur une attirance non-sexuelle, et celles qui ne sont sexuelles que de façon secondaire. La personne seule doit les accepter calmement et intelligemment. Il nous faut dire un mot ici de la passion - attirance forte, émotionnelle. Une telle attirance est basée sur la complémentarité, une dynamique dans laquelle les forces d'une personne répondent aux besoins d'une autre. La complémentarité peut être regardée comme le fondement même de l'hétérosexualité ; même sur un plan physique, les caractéristiques physiques qui font défaut à un sexe sont particulièrement attirantes pour le sexe opposé. La complémentarité sur un plan beaucoup plus intégré comprend les émotions, les traits de caractère et les talents, et est le fondement d'un bon mariage.

La complémentarité opère également dans beaucoup d'amitiés non-sexuelles. Nous sommes attirés vers les autres en partie parce qu'ils nous ressemblent, et aussi parce qu'ils ont ce dont nous manquons, et ils manquent de ce que nous avons en abondance. Je préfère restreindre le terme à cette phase de relation, en général éphémère, au cours de laquelle l'autre est idéalisé comme dans une histoire romanesque ou le culte d'un héros, ou encore dans une façon très superficielle d'être disciple.

La passion, qui est la complémentarité dans sa forme la plus élémentaire, doit devenir une amitié plus réaliste qui va au-delà de la complémentarité, si elle veut durer. La méditation de l'Evangile m'a amené à croire que d'une certaine façon les premiers disciples ont vécu cette passion avec le Messie, et que leur relation avec Lui devait être purifiée et transformée au-delà du culte du héros. Une telle croissance en pleine conscience était une étape nécessaire de leur formation qui devait être soumise à un ultime test le Vendredi Saint.

La personne seule ne doit pas avoir peur de la complémentarité ou de la passion, même des débuts d'une passion sexuelle. Mais pour garder la chasteté, il faut être très réaliste et objectif sur de telles expériences, particulièrement si des éléments romantiques ou sexuels se cachent sous la surface. Dans des relations non-sexuelles, comme le culte d'un héros, le pire danger est de passer pour un fou. Dans les relations sexuelles, il peut y avoir de graves bouleversements de deux personnalités, et beaucoup de mal peut être fait. Une personne seule se doit à elle-même de reconnaître sa passion et de la dépasser rapidement.

5 - Obsession sexuelle et perte de contrôle

Une personne seule doit vivre avec la possibilité d'obsessions sexuelles qui s'enracinent dans des forces inconscientes, ou qui proviennent de crises qui n'ont pas été résolues. Le contrôle sexuel est souvent le lien le plus faible dans la personnalité d'un individu ou dans le système de contrôle. Lorsque les choses vont mal, ou lorsque l'on subit une grande pression, peuvent alors survenir des comportements sexuels indésirables. La peur de perdre son contrôle sexuel peut être une grande source d'anxiété chez une personne seule. On reconnaît là une étape dans le développement de nos espèces, lorsque l'on est capable de reconnaître la perte de contrôle sexuel comme symptomatique d'un état de combat intérieur, plutôt que de le condamner comme l'expression d'une simple pulsion immorale ou, encore plus dangereux, de le justifier par une rationalisation malhonnête.

La perte du contrôle sexuel conduit à des comportements indésirables que l'individu considère immoraux et qu'il veut éviter. C'est là un danger tout particulier pour les personnes seules. Beaucoup des mécanismes de contrôle présents dans le mariage n'existent tout simplement pas dans la vie de célibataire. Hammarskjöd a fait l'observation suivante dans *Markings* :

> « Ainsi, une fois de plus, vous choisissez pour vous-mêmes et ouvrez la porte au chaos. Le chaos que vous connaissez chaque fois que la main de Dieu ne repose pas sur votre tête.
>
> Celui qui s'est trouvé un jour sous la main de Dieu a perdu son innocence : il ne peut que sentir toute la force

> explosive de destruction qui se libère à chaque instant de soumission à la tentation.
>
> Mais lorsque son attention est attirée au-delà et au-dessus, comme il est fort alors, avec la force de Dieu qui est en lui parce qu'il est en Dieu. Fort et libre parce que son moi n'existe plus. »[1]

La peur de perdre le contrôle dans des périodes de stress est un grand argument pour vivre une vie saine et équilibrée si vous vivez seul. Nous verrons plus tard comment des habitudes mentales sont nécessaires pour garder ce contrôle sexuel et pour un bon équilibre général.

6 - Tendances homosexuelles

Nous avons déjà mentionné qu'un bon nombre d'hommes et de femmes restaient seuls à cause de tendances homosexuelles. Il est maintenant nécessaire d'aborder le sujet de façon plus détaillée. Si ce chapitre n'intéresse pas le lecteur, il voudra bien passer directement au dernier chapitre de cette partie sur la vie seule.

La confusion actuelle

Je me refuse tout au long de ce livre à utiliser le mot *homosexuel* comme un nom. Même si je connais un certain nombre de personnes qui ont ces tendances, je ne dirai jamais « Joe est un homosexuel ». Pour moi, Joe est une personne. Bien que nous utilisions l'abréviation verbale et disions, « Sam est alcoolique, » ou « Mary est psychotique, » je préfère dire « Untel est une personne qui a telle ou telle tendance. » Dieu n'a pas créé des alcooliques ou des

---

[1] New York : Alfred A. Knopf, p. 98.

psychotiques, et je n'ai jamais rencontré personne qu'il ait créé homosexuel. Dieu crée des personnes.

J'entends souvent des personnes qui ont des tendances homosexuelles dire : « Dieu m'a fait ainsi, c'est donc bien ainsi. » Je crois que ce n'est qu'une rationalisation. C'est une rationalisation très compréhensible pour quelqu'un qui est déchiré en deux par un profond conflit de désir sexuel et d'obligation morale. Cela peut même être une rationalisation pardonnable, mais nous n'aidons pas ces personnes qui ont des tendances homosexuelles en leur donnant de grandes dispenses par rapport à la loi morale, puisque nous n'avons aucune autorité divine pour le faire. Nous qui accordons ces dispenses pouvons nous mettre dans un péril moral encore plus grand que ceux que nous excusons. Ce n'est pas le travail d'un docteur ou d'un prêtre de dire à quelqu'un que le mal est bien, même si cela s'est souvent produit dans l'histoire médicale et ecclésiastique.

Le vingtième siècle n'a pas découvert l'homosexualité. Les historiens sur ce sujet pensent qu'il s'agit d'un phénomène humain observable depuis l'antiquité classique. Le comportement homosexuel est interdit dans l'Ancien et dans le Nouveau Testament, et dans les premiers écrits chrétiens. L'homosexualité a été constamment reconnue comme contraire au code moral du monde chrétien.

Je suis convaincu qu'une personne qui a une forte attirance homosexuelle, et même qui a un style de vie homosexuelle renforcé par des années d'activité sexuelle (si vous voulez une sorte d'identité sexuelle), est appelée à une vie chaste. Ce n'est cependant pas forcément une attente réaliste, tant que l'individu n'est pas préparé à la grâce d'une conversion morale. Leanne Payne dans *The Broken Image* donne plusieurs exemples de personnes plongées dans l'homosexualité qui - par la puissance de la grâce de Dieu, ont fini par vivre chastement et chrétiennement.[1] Mon expérience auprès de chrétiens à tendance homosexuelle qui cherchent un chemin pour sortir de leur difficulté est similaire à celle du Dr Payne.

Homosexualité - pseudo - et réelle

Beaucoup de psychologues et de psychiatres qui, comme Irving Bieber, au cours de leur carrière professionnelle ont travaillé avec des personnes à tendance homosexuelle, pensent que beaucoup parmi eux sont de façon latente hétérosexuels.[2] En raison de leur peur de leur propre hétérosexualité qui provient d'un traumatisme subi dans leur enfance, ils sont attirés par quelqu'un de leur propre sexe qui sert de substitut voilé à une personne du sexe opposé.

Par exemple, un jeune homme peut être effrayé et repoussé par la masculinité agressive de ses camarades d'école. Il est choqué de les entendre parler de leurs exploits sexuels avec des filles. Il est repoussé par cette expression de masculinité et rejette en partie sa propre identité. Peu de temps après, il rencontre un autre homme qui a vécu la même expérience. Partageant une répulsion de cette expression crue de l'hétérosexualité, ils acceptent l'échange moins agressif, plus doux d'actes homosexuels. Ceci explique pourquoi les hommes « homosexuels » sont des personnes plutôt douces et non agressives.

Une fille qui a des tendances homosexuelles peut avoir subi un traumatisme légèrement différent. Elle peut avoir considéré la sexualité masculine crue ou, au mieux, sans attrait. Il se peut même qu'elle ait été forcée à des actes

---

[1] Leanne Payne, N.D.T. : *L'image brisée*, Éditions Trobisch.

[2] Irving Bieber, N.D.T. : *Homosexualité - une étude psychoanalitique des hommes homosexuels*. New York : Vantage Books (Alfred A. Knopf).

hétérosexuels. L'aspect de la féminité qui est attirante pour les hommes peut l'effrayer ou la révolter. Cette jeune fille rencontre une autre jeune fille qui ressent la même peur des actes hétérosexuels et elles deviennent partenaires sans la peur et la honte qu'elles avaient attribué au comportement hétérosexuel. Je pense que, dans chaque cas, ces êtres sont des hétérosexuels latents, mais effrayés, ou des « pseudo-homosexuels ».

Un autre cas de pseudo-homosexualité assez commun est celui d'une personne qui n'a pas été aimée ou qui a été mal aimée dans son enfance. Commence à se développer un amour de soi pathologique, qu'on appelle « narcissisme », depuis ce berger grec solitaire qui est tombé amoureux de son propre reflet dans la piscine. Croyant qu'il avait vu un dieu, il sauta dans la piscine et se noya dans l'étreinte illusoire de son propre reflet puis il revint plus tard sur terre sous la forme d'une fleur. Il reste à chacun une touche de narcissisme de son enfance, et nous devrions nous montrer accueillants envers celui qui cherche une autre image de lui-même.

Dans des relations plus saines, le narcissisme résiduel de l'enfance est tacitement reconnu et intégré à d'autres facteurs plus sains d'une bonne relation telle que celle professeur-étudiant. Dans les cas graves, l'infortuné est condamné à vivre en s'agrippant à quelqu'un qui est l'image symbolique de son moi idéalisé. Ils ne trouvent jamais cette image, puisque personne n'est leur autre moi, et ils traversent une série d'engouement qui se termine en désastre émotionnel.

Le problème de l'âge peut parfois se surajouter. Un être plus âgé peut chercher l'image de lui-même enfant ou adolescent dans quelqu'un de beaucoup plus jeune que lui. Ou encore une personne jeune peut chercher l'image d'un parent aimant du même sexe qui a fait défaut dans son enfance.

Il faut encore mentionner une autre théorie sur les origines des pulsions pseudo-homosexuelles :

Eli Siegal prétend que les hommes qui ont des tendances homosexuelles ont eu des mères qui leur ont donné leur affection trop facilement, presque par séduction, ce qui fait qu'ils considèrent par la suite avec mépris l'affection des femmes. J'ai pour ma part l'impression qu'aucun des cas mentionnés ci-dessus ne représente une inversion homosexuelle de base, appelée « homosexualité syntonique ». Les tendances homosexuelles décrites jusqu'ici ne sont absolument pas inhérentes à la personnalité ; elles proviennent plutôt d'un accident survenu dans l'enfance. Elles sont étrangères à la personnalité ou « dystoniques ». Les personnes que nous décrivons ici seront donc toujours frustrées, cherchant sans cesse le garçon ou la fille idéal(e), jusqu'à ce qu'ayant subi trop de déceptions elles arrêtent leur recherches, ou bien elles cherchent toute sorte de plaisir sexuel. Voilà ce que l'on m'a décrit comme un scénario assez classique de la scène « gay ».

L'homosexualité syntonique vient des profondeurs de la personnalité. Je crois que dans la plupart des cas pour ne pas dire dans tous, ceci est représenté par une personne qui veut absolument appartenir au sexe opposé. Ceci, si l'on veut vraiment utiliser le terme, est la vraie homosexualité. Elle se trouve dans le cas d'un homme qui veut vraiment être une femme, et vice versa. Le terme technique utilisé dans ce cas est le transsexualisme.

Dans les dernières décades, des essais ont été faits par chirurgie pour traiter ce problème, mais rien ne prouve de façon significative que de tels procédés aient fait quoique ce soit pour modifier les conflits psychologiques personnels de l'individu.[1] Les conflits psychologiques et plus encore les conflits spirituels se résolvent rarement au couteau.

Je pense qu'une vie de célibat chaste peut être la réponse à tous les cas cités ci-dessus. Cela peut paraître hors de portée pour quelqu'un qui a fait du comportement homosexuel une partie intégrante de sa vie. Mais beaucoup de personnes pour lesquelles les actes hétérosexuels étaient partie intégrante de leur mode de vie ont appris à vivre sans sexualité génitale, comme les veufs ou veuves, les divorcés, et ceux qui sont entrés dans la vie religieuse après avoir vécu en adultes sans engagement de célibat ni de chasteté. La tragique épidémie actuelle de SIDA a amené plusieurs personnes à considérer la possibilité d'une vie d'abstinence sexuelle sans autre motivation que de survivre.

Si vous avez des tendances homosexuelles et un schéma renforcé de comportement homosexuel, vous pouvez être très fatigué de tout cela. J'ai entendu des douzaines d'hommes et de femmes à tendances homosexuelles dire qu'une vie chaste était beaucoup plus désirable que cette recherche constante du partenaire parfait, cet autre soi qui n'existe pas (Narcisse qui n'est jamais là). Ils sont fatigués d'être rejetés, ou apparemment acceptés puis jetés.

Il y a peu de temps j'ai discuté avec un homme de vingt ans qui venait d'annoncer à ses parents qu'il était « gay » et qu'il allait suivre ce style de vie. Son père était doublement troublé parce qu'il a réalisé que son propre alcoolisme, maintenant stoppé, avait contribué aux problèmes de son fils à l'adolescence. J'ai réalisé que l'idée d'une vie chaste de célibataire, avec une éventuelle délivrance de l'identité pseudo-homosexuelle par une thérapie, n'était pas du tout

---

[1] Cf. Anthony Mastrœni, *A Moral Evaluation of Surgical Sex-Reassignment.* Université de saint Thomas (Angelicum), 1981. L'essai du père Mastrœni revoit cette question de façon très approfondie.

envisageable pour cet homme. J'ai prié pour être guidé par l'Esprit Saint, et je me suis entendu lui dire, « tu n'es pas prêt à m'écouter maintenant, mais un jour, peut-être dans dix ou vingt ans, tu seras prêt. Tu seras fatigué de tout cela. Souviens-toi alors qu'un jour tu as rencontré un prêtre qui t'a dit qu'il y avait un autre chemin. Mais il te faudra du courage pour le prendre. »

7 - La vie de célibataire - Une réponse simple mais pas facile

Peut-être n'avez-vous jamais pensé qu'être célibataire était une vocation si difficile. En fait les difficultés viennent de la sexualité, et non de la chasteté. Pour le chrétien un mariage chaste ou une vie de célibataire chaste est la solution la plus simple aux complexités de la sexualité humaine. Une fois que la chasteté est repoussée, la vie devient très turbulente comme nous le prouvent la musique, le drame et la littérature du monde.

La chasteté, et en fait la pratique de toute vertu, simplifiera les choix de la vie et les conséquences de ces choix, laissant l'individu libre de porter le joug léger et le fardeau de Jésus-Christ. Mais ce sera pour ainsi dire un accroc dans le plan de Dieu si, en pratiquant une vertu, nous pouvions entrer dans l'utopie. Le disciple ne pourrait jamais grandir, mais resterait au niveau de ces religieux naïfs et infantiles que l'on voit dans les films des années 40 et 50. Etre chrétien est simple dans la mesure où ce n'est pas compliqué. Mais cela demande d'utiliser son intelligence pour avoir de la perspicacité et son libre-arbitre pour accepter l'appel de la grâce. Nous n'essayerons jamais de suivre l'appel de Dieu, si ce n'est Lui qui nous appelle le premier. Saint Augustin, qui s'est libéré d'une vie de plaisirs sensuels, décrit en langage poétique l'expérience de quelqu'un appelé par Dieu à la chasteté après une vie de péché :

> Que j'ai commencé tard à vous aimer, ô beauté si ancienne et si nouvelle ! Que j'ai commencé tard à vous aimer ! Vous étiez au-dedans de moi ; mais, hélas ! J'étais moi-même au-dehors de moi-même. C'était en ce dehors que je vous cherchais. Je courais avec ardeur après ces beautés périssables qui ne sont que les ouvrages et les ombres de la vôtre, cependant que je faisais périr misérablement toute la beauté de mon âme, et que je la rendais par mes désordres toute monstrueuse et toute difforme. Vous étiez avec moi, mais je n'étais pas avec vous. Car ces beautés qui ne seraient point du tout si elles n'étaient en vous, m'éloignaient de vous. Vous m'avez appelé : vous avez crié, et vous avez ouvert les oreilles de mon cœur en rompant et en brisant tout ce qui me rendait sourd à votre voix. Vous avez frappé mon âme de vos éclairs : vous avez lancé vos rayons sur elle, et vous avez chassé toutes les ténèbres qui la rendaient aveugle au milieu de votre lumière même. Vous m'avez fait sentir l'odeur incomparable de vos parfums, et j'ai commencé à ne respirer que vous, et à soupirer après vous ; j'ai goûté la douceur de votre grâce, et me suis trouvé dans une faim et dans une soif de ces délices célestes. Vous m'avez touché, et je suis devenu tout brûlant d'ardeur pour la jouissance de votre éternelle félicité.[1]

[1] Saint Augustin, *Confessions*, X, XXVII, *op. cit.*, pp. 188-189.

IIème PARTIE

SUGGESTIONS POUR UN CÉLIBAT DANS LA CHASTETÉ

CHAPITRE I

LES PROBLÈMES SEXUELS DES PERSONNES SEULES ET QUELQUES SOLUTIONS

Nous avons déjà décrit comment les expressions non-génitales de la sexualité doivent être une part légitime de la vie de tout célibataire qui veut vivre chastement. Il nous reste à aborder les problèmes plus communs qui surviennent lorsque le comportement sexuel devient illicite, c'est-à-dire contraire à la loi morale et à la conscience de l'individu. Les solutions à ces problèmes peuvent être immédiates et liées à un comportement spécifique ou plus vastes et complètes, affectant tout le style de vie de l'individu personnellement et spirituellement.

Dans ce chapitre, nous porterons notre attention sur les problèmes spécifiques et les solutions immédiates. Dans le chapitre deux, nous essayerons d'aborder des réponses plus vastes et la qualité de vie nécessaire pour tenir une résolution de chasteté. Dans le chapitre trois nous considérerons ce que la psychologie peut nous dire quant aux fantasmes, tentations, chutes et succès qu'une personne seule rencontre sur sa route vers la chasteté. Enfin, au chapitre quatre nous examinerons le côté spirituel de cette préoccupation et les ingrédients essentiels de cette qualité de disciple qui s'exprime dans une vie de chasteté.

1 - Les bonnes résolutions et les résolutions non tenues

Beaucoup de chrétiens célibataires, et en fait beaucoup de personnes qui essayent de mener une vie droite malgré l'égocentrisme et la cupidité, trouvent que les bonnes résolutions toutes seules ne sont pas la garantie d'un comportement vertueux. La bonne résolution est un point de départ mais, comme le dit saint Augustin, nous sommes souvent en guerre avec nous-mêmes, combattant pour mourir à la mort et pourtant hésitant à vivre à la vie.

Supposons que tous ceux qui lisent ce livre aient pris de bonnes résolutions et parviennent à en tenir quelques-unes pour l'instant. Si, après avoir pris une sérieuse résolution de chasteté, la personne seule a toujours des difficultés, les problèmes rentrent sans doute dans l'une des catégories suivantes :

1. Implication sexuelle dans laquelle on trouve affection et intimité, c'est-à-dire avec un ami ou un amant. Ces personnes seront appelées *possédées par l'amour*.

2. Implication sexuelle avec des personnes qui n'ont aucun lien affectif et qui peuvent même être anonymes. C'est une sorte de sexualité-objet que j'ai appelé *le loup des steppes* empruntant là une formule d'Herman Hesse.

3. Auto-érotisme ou sexualité symbolique : j'appellerai ceci le problème de la *passion solitaire*.

4. La déviation sexuelle que l'on a quelque peu décrit ci-avant. Je la dénommerai ici la *lettre écarlate.*

Les possédés par l'amour

Malgré de bonnes résolutions, et souvent à cause d'un besoin névrosé et d'un laisser-aller, une personne qui a décidé de rester seule peut tomber amoureuse. Des forces puissantes d'intimité, de désir et de solitude peuvent conduire à une expression génitale et ceci, malgré les bonnes résolutions prises de part et d'autre.

Lorsque je cherche une formule pour décrire la condition dans laquelle se trouve une personne amoureuse à l'encontre des préceptes ou engagements préalables (par exemple dans l'adultère, dans l'abandon des vœux religieux, dans la négation d'une résolution à rester chaste), je suis tenté de dire « l'amour a mal tourné ». Mais la formule n'est pas adaptée puisque dans la plupart de ces relations, il y a une affection humaine réelle et non une simple convoitise, et le mot « mal » peut être trompeur. Le véritable amour n'est pas mal, dans la mesure où il est vrai, puisqu'il fait partie de la vertu de charité. J'ai donc choisi une phrase dans la fiction pour suggérer qu'un amour humain peut être tellement possessif qu'il empêche une personne d'être libre et chaste. Il n'y a rien de mal lorsqu'un homme aime la femme d'un autre homme comme un ami chastement, mais si l'amour devient sexuel et prend le dessus, cet homme est alors possédé par l'amour à l'encontre de ses propres convictions morales.

Outre le fait que l'amour exprimé génitalement hors mariage est moralement « mal », il y a d'autres défauts. Toute personne qui va à l'encontre de ses convictions morales cherchera toujours à nier et à rationaliser. Ce sont les mécanismes courants de défense ou les distorsions inconscientes de la réalité. En d'autres termes, nous nous mentons à nous-mêmes. J'ai souvent rencontré des personnes qui avaient vécu chrétiennement des vies de service et qui ignoraient purement et simplement cette partie de leur réalité, qui pourtant avait eu une grande importance. C'est d'ailleurs la signification du vieux dicton « l'amour est aveugle ». Lorsqu'une affection humaine devenue sexuelle (amour érotique) prend possession de quelqu'un, un époux dévoué peut être détruit, des enfants abandonnés, une carrière de service démolie, le scandale introduit - et tout cela au nom de « l'amour ».

Le fait de nier ou de rationaliser est nourri par le fantasme. La personne seule est particulièrement vulnérable à cet ensemble de distorsions. On peut jouer le jeu d'une relation engageante et moralement illicite. Il y a quelques années, un film romantique et de belle qualité visuelle, *Elvira Madigan*, parlait de deux jeunes personnes, l'une étant mariée, qui tombaient amoureuses et passaient un magnifique week-end ensemble. Le spectateur en arrivait à oublier les circonstances immorales dans les expressions apparemment innocentes de l'amour qui n'étaient ni grossières ni obscènes. Mais le film et le week-end se terminaient assez abruptement par deux coups de fusil lorsque le couple se suicidait ensemble. Jouer la comédie en jouant à l'amour peut avoir des résultats catastrophiques.

La meilleure solution au problème des histoires d'amour illicites est qu'elles ne commencent jamais. Ceci est vrai pour les relations hétérosexuelles comme homosexuelles. Une amitié peut être préservée si l'on évite l'expression génitale. Il est rare qu'elle puisse être préservée si cela a eu lieu, sauf si les deux personnes se marient, et même si tel est le cas, ils ne resteront peut-être pas amis pour longtemps.

Une fois que l'amitié a été exprimée génitalement, la chasteté ne peut être retrouvée qu'à grand prix. Il peut arriver que deux personnes solides peuvent s'entendre pour se soutenir mutuellement dans leur effort de chasteté. Si cela échoue, et cela échoue souvent rapidement, la séparation est la seule réponse. Le temps guérit beaucoup de blessures, ainsi que la prière et le travail. Mais les blessures profondes demandent plus de temps, plus de prière, plus de travail.

Une personne seule qui connaît une telle séparation fait souvent l'erreur d'abandonner quelque chose de très puissant et de ne le remplacer par rien. C'est comme sauter par la fenêtre d'un avion en plein air. Une personne sage cherchera le soutien d'amis attentionnés qui peuvent partager sa situation. Un réengagement dans sa vie de foi et de prière - peut-être au cours d'une retraite - est très efficace. Puis il faudra considérer cette situation objectivement avec un directeur spirituel, pour déterminer quels sont les moyens de soutien spirituels et psychologiques qui ont fait défaut, et qui ont conduit à passer outre cette résolution initiale de chasteté.

Finalement l'individu doit prendre un nouveau départ dans la vie y compris, si possible, un nouveau travail ou un nouveau logement. Les composantes spirituelles d'une vie de célibat chaste doivent être constamment renforcés par la prière, un travail généreux et une pratique plus intense des sacrements.

Une illustration intéressante de ce problème me vient à l'esprit. Il y a quelques années, un prêtre est venu me chercher pour me partager qu'il était amoureux d'une religieuse. Il avait la vocation, était courageux, attiré par la prière et la vie spirituelle, et je n'ai pas été surpris d'apprendre qu'il n'y avait pas d'implication sexuelle. Loin de là. En fait il n'avait même jamais dit à cette sœur ce qu'il éprouvait. Centré sur son travail, il ne voyait la sœur qu'occasionnellement, lorsque sa charge lui imposait d'aller au couvent pour le service de la liturgie.

La sœur lui demanda un entretien spirituel. Il fut tout d'abord été effrayé, et, après avoir prié, décida qu'il valait mieux que ses problèmes n'interfèrent pas avec les responsabilités pastorales. Il donna le conseil qu'on lui demandait et répondit simplement de façon amicale. Il savait que la sœur était une personne profondément spirituelle et que ses confrères vénéraient presque ses qualités de sainte. Le prêtre reconnut que c'était en partie à cause de ces qualités qu'il était tellement attiré par elle. Une seule fois, un jour de tragédie particulière, il échangea un baiser avec la sœur ; ce baiser paraissait assez inévitable dans la situation et fut donné en présence d'autres personnes.

Le prêtre a souvent pensé à ce que serait sa vie d'homme marié avec une famille, et même avec cette sœur comme femme.

Mais soudain la sœur est morte, emportée rapidement par une maladie, et elle n'a jamais su le conflit spirituel qu'avait connu l'âme de son ami. Le prêtre m'a cependant dit qu'après avoir traversé cette épreuve, il était plus en paix avec sa vocation de célibataire et qu'il regardait cette épreuve comme une bénédiction que le Seigneur lui avait envoyée.

Le loup des steppes

J'ai emprunté ce terme à un personnage tragique de Hesse, un homme conduit à chercher les plaisirs solitaires et éphémères comme un loup solitaire dans les plaines. Combien ai-je connu de gens mariés ou célibataires qui, malgré les meilleures intentions du monde, s'étaient retrouvés dans cette situation de solitude et de désespoir ?

Bien que la recherche de plaisir sensuel anonyme soit un problème spécifique aux célibataires, ce n'est en aucun cas une difficulté qui leur est réservée. Cela peut arriver au fiancé, à la mère ou au père de famille qui, dans les deux cas, peuvent aimer leur époux. Cela peut arriver à une personne qui a fait ses vœux, et qui se trouve affligée de ce manquement dans le service de Dieu, mais qui se sent enserrée dans des griffes de métal.

La recherche anonyme de gratifications sexuelles de la part d'étrangers est généralement pathétique, frustrante et humiliante, pour ne pas dire dangereuse pour sa réputation et même pour sa vie. Un tel laxisme sexuel est le plus souvent tellement regretté avant, pendant et après, qu'en tant que confesseur, j'ai fini par attacher moins d'importance à l'acte lui-même qu'à la responsabilité de réorganiser correctement sa vie avant que la tentation ne revienne.

Il faut savoir pour comprendre ce problème qu'il est souvent lié à un besoin désespéré et subconscient d'intimité, besoin qui vient d'expériences préalables. C'est un retour au petit enfant qui a besoin d'être embrassé, aimé physiquement. Il peut être lié à des expressions très immatures d'un besoin sexuel réminiscent de vilains jeux auxquels jouent les enfants derrière le garage. Il y a finalement souvent un élément auto-destructif dans ces activités qui conduisent la personne à la régression, l'humiliation et le danger.

Ce comportement tourne souvent à l'obsession, c'est-à-dire un plaisir qui procure un besoin irrésistible de faire quelque chose que l'on sait destructeur. Comme toute obsession, l'obsession sexuelle devient très puissante très rapidement, et elle peut imposer ses exigences au quotidien, détruisant toute intégrité et tout ordre dans la vie d'une personne, laissant l'individu mal à l'aise et profondément insatisfait. La description freudienne d'une obsession comme principe de plaisir au service du super-ego (le principe primitif d'autopunition) semble en réalité assez valable.

Dans la plupart des cas, le comportement sexuel vers lequel on se trouve conduit est moralement inacceptable et défendu ; pourtant, si l'on regarde chaque cas individuellement, il reste très peu de liberté à la personne, et donc peu de péché réel. Comme dans le cas d'un drogué ou d'un alcoolique. Cependant, un enseignement moral objectif peut être une sorte de guide - un phare dans la tempête - pour que l'individu puisse avoir quelque espoir d'être éventuellement sauvé. Cela ne sert à rien d'ignorer le phare dans la tempête, même si vous ne pouvez l'atteindre. Il n'est pas plus avisé d'ignorer la loi morale, même si vous ne vous sentez pas la force de l'observer.

Une personne seule amenée à des plaisirs sensuels éphémères qui n'aurait pas encore reconnu cette obsession écrasante doit en reconnaître les dangers et essayer avec l'aide d'un confesseur informé, un conseiller ou un thérapeute, de mettre à jour une partie de sa motivation inconsciente. Les mots ne suffisent souvent pas. La personne doit parvenir à une conscience profonde de l'autodestruction et de l'infantilisme de son comportement. Si l'obsession est déjà reconnue, il est essentiel de demander l'aide d'un professionnel ou de quelqu'un d'expérimenté.

Le soutien d'un groupe comme les Alcooliques Anonymes peut être très efficace. « Courage », dont j'ai déjà parlé dans ce livre, est un groupe du même genre. Les membres se soutiennent mutuellement dans leurs tentatives de vivre chastement face à de fortes tendances homosexuelles qui, dans la plupart des cas, étaient devenues des habitudes de vie. J'espère beaucoup voir ce mouvement « courage », qui a déjà beaucoup d'équivalents dans la communauté protestante américaine, se répandre dans l'Eglise Catholique.

Les étapes à franchir pour venir à bout d'une obsession sont très bien résumées dans *Les Douze Étapes des Alcooliques Anonymes.* La première étape est essentielle : admettre que l'on est impuissant devant une obsession, et que l'on ne peut être délivré que par la puissance de Dieu. Il est également important de procéder à un inventaire moral honnête. Je suggérerais aux personnes qui souffrent d'une telle obsession d'assister à des réunions des AA, et d'essayer de passer les étapes avec l'aide d'un ami, plutôt quelqu'un qui a déjà surmonté une obsession sexuelle. Il leur faudrait également accorder une attention toute particulière aux suggestions des chapitres suivants de ce livre.

En cherchant à donner l'exemple d'une personne essayant de venir à bout d'une obsession, mon problème était d'en choisir une parmi toutes celles avec lesquelles j'ai travaillé. J'ai obtenu la permission d'un ami d'utiliser la description suivante de son problème, en changeant seulement quelques détails.

Andy a été élevé dans une famille pieuse dans laquelle sa mère était de toute évidence le personnage dominant de la famille. Âme plutôt douce, il s'est toujours tenu à l'écart des combats ou de toute agressivité. Il a décidé assez tôt dans sa vie de devenir prêtre. Il est sorti du séminaire sans trop de difficultés, et s'adaptait même plutôt bien. Son seul problème était une tendance à regarder les organes génitaux des hommes. Il n'avait tout d'abord aucune attirance pour les amitiés à tendance homosexuelle. Il a tout simplement exclu cette étrange attirance du reste de sa vie, qui était par ailleurs travailleuse et priante. Mais lors d'un voyage, sans même comprendre ce qui lui arrivait, il s'est retrouvé dans un lieu public se livrant à des gestes personnellement très humiliants. Il était rempli de remords et de culpabilité.

Il lui a fallu quelques mois de conseils pour accepter cette obsession pour ce qu'elle était : une forme de comportement symbolique qui provenait d'un ensemble de solitude, frustration et haine de lui-même. En suivant le principe de base des *Douze Étapes des Alcooliques Anonymes*, il est parvenu à surmonter complètement son problème. Il a même peine à croire maintenant que ce problème a fait partie de sa vie, bien qu'il reste très prudent après plusieurs années. Il réalise qu'il a eu de la chance, car de telles obsessions ne sont souvent mises à jour qu'après avoir lourdement entaché une réputation.

Il est important de noter que, dans ce cas-là, la personne était très motivée pour s'en sortir ; il n'a jamais prétendu que ceci n'était pas à la fois un danger moral et un problème psychologique, et il était travailleur et priant. Il a aussi sciemment combattu toutes les tendances d'apitoiement sur soi-même ou de haine de soi-même, tout spécialement par une heure quotidienne d'adoration du Saint-Sacrement.

La passion solitaire

Qu'y-a-t-il de plus difficile ou de plus triste que l'auto-érotisme ou la sexualité solitaire ? La seule chose positive que l'on puisse en dire est que c'est un phénomène commun, et puisque la misère aime la compagnie, la seule consolation que l'on puisse trouver est de ne pas être le seul dans ce cas. C'est un problème que les personnes seules sont plus à même de rencontrer, et qui peut survenir particulièrement dans des moments de solitude, de stress et d'anxiété. J'utilise intentionnellement le mot auto-érotisme plutôt que masturbation pour différencier ce problème des actions involontaires dans le sommeil ou le demi-sommeil, et aussi du comportement sexuel de l'enfance ou de la prime adolescence, dans lequel le jeune n'est pas réellement arrivé à un stade psychologique où il peut être appelé auto-érotique. Il ou elle est simplement immature.

Je veux plutôt parler ici de l'activité d'un adolescent ou d'un adulte qui pour diverses raisons se retourne sur lui-même et trouve un substitut à une vie réelle dans ce comportement symbolique très frustrant. L'excuse la plus courante pour ce comportement est la libération sexuelle ou volonté d'alléger une frustration sexuelle. Dans l'auto-érotisme cependant, la personne se déplace dans l'imagination et se trouve donc entraînée dans un désir sexuel. Dans le fantasme sexuel qui, comme un rêve, est une projection du « ça » ou du principe du plaisir, il n'y a pas de restriction de propriété de moralité ou de raison. Le fantasme sexuel peut rapidement devenir grossier, obscène ou dévié, ce qui est plus improbable avec un époux ou un amant.

Un mot péjoratif comme « sale » qui s'utilise pour caractériser le péché sexuel, vient peut-être de ce fantasme auto-érotique. Ce terme-là ne convient pas lorsqu'une sexualité illicite s'instaure entre ceux qui éprouvent de l'affection l'un pour l'autre. Mais il peut être approprié pour quelqu'un qui s'adonne au fantasme sexuel dans lequel la sexualité n'est que convoitise, c'est-à-dire la recherche du plaisir pour lui-même. Un terme péjoratif s'applique également à une rencontre sexuelle anonyme. J'ai eu connaissance de plusieurs exemples dans lesquels ceux qui étaient impliqués dans une relation sexuelle anonyme perdaient tout désir après les premiers mots de communication. La convoitise peut ne pas persister dès qu'il y a la moindre relation, mais elle est toujours très puissante dans l'auto-érotisme.

D'autres motifs courants d'auto-érotisme sont l'ennui, la solitude et la haine de soi-même. Si la personne n'a toujours pas résolu sa période de narcissisme, avec des sentiments infantiles et régressifs, elle est plus à-même d'être tourmentée par l'auto-érotisme. Une personne seule qui souffre de cette difficulté a besoin d'un bon confesseur avec lequel le problème pourra être abordé. Une bonne résolution peut ne pas suffir à mettre fin à ces pratiques ; il peut être nécessaire de procéder à un certain nombre de changements que l'on trouve suggérés dans les chapitres suivants.

La grande tragédie d'une vie enlisée dans l'auto-érotisme n'est pas que l'individu risque de détruire sa relation à Dieu par un péché grave. A cause de la faiblesse humaine, il se peut qu'il n'y ait pas en fait de péché grave. Il est vrai que l'Eglise Catholique a enseigné pendant des siècles que l'auto-érotisme était très grave. Le Christ notre Seigneur a été très clair dans son enseignement, le péché se trouve dans le désir, et qu'y a-t-il dans l'auto-érotisme si ce n'est un fantasme empli de désir ? Comme le savent la plupart des confesseurs, cependant, beaucoup de personnes sincères, mariées ou célibataires, jeunes ou âgées, tombent dans cette difficulté - bien évidemment contre leur volonté. La plupart, pour ne pas dire tous les chrétiens sincères confrontés à ce problème voudraient réellement s'en débarrasser.

La tragédie de l'auto-érotisme, comme tout comportement obsessionnel, est qu'il dresse l'individu contre lui-même et, en apparence, contre Dieu. La personne se sent coupée de Dieu et pour une très bonne raison. Il ou elle a fait quelque chose d'interdit, et s'est engagé(e) dans des pensées et des désirs contraires à la bonté de la nature humaine qui reflète l'image de Dieu. Si l'on désire être disciple du Christ, il est absurde d'essayer de cadrer sa production intérieure de fantasmes avec les exigences de cette discipline. La douleur d'une personne enfermée dans l'auto-érotisme est d'autant plus grande qu'elle sait que, malgré sa répulsion, il y a dans le fond de son esprit quelque consentement à ce que le Seigneur a interdit.

On ne peut trop insister sur les forces de haine de soi qui sont à l'œuvre dans l'auto-érotisme. C'est peut-être la force d'un fantasme sexuel débridé qui rend la honte et la haine de soi aussi puissantes. Une aide extérieure est généralement nécessaire pour surmonter cette obsession - quelqu'un peut donner à la personne perturbée une chance d'être acceptée avec son noir secret.

J'ai reçu la lettre suivante d'un jeune homme que j'appellerai Bill. Il terminait ses études au collège[1] et souhaitait poursuivre une vocation religieuse. L'intensité de son obsession lui a fait dire qu'il se trouvait confronté à une force qui le dépassait. Cette lettre poignante est une invitation pour nous tous à être compréhensifs.

> « Ce soir avant de m'endormir, j'ai mené une bataille. J'avais une grande angoisse. Comme d'habitude j'avais des pensées de convoitise avec beaucoup de culpabilité. Le côté du mal en moi me disait comment je pourrais passer l'été. Il parlait ainsi : « j'aimerais avoir une grande longue orgie avec les deux sexes, et puis à la fin de l'été dans la culpabilité et l'autocorrection, je me tuerai, tranquillement ». C'était satanique. Puis je me mis à penser à tout le bien que je pourrais faire pour ma famille si seulement je pouvais rassembler mes idées. Je suis bien sûr que cela est faux et que c'est seulement dû au fait d'être passif-agressif. En tout cas je sens que si j'étais bon et droit, ma famille n'aurait pas autant d'ennuis. Ainsi, lorsque je suis le mauvais chemin, je me sens encore plus coupable. Mais j'ai réussi à trouver quelque paix en pensant à ce que je dirai cette semaine à cette classe à qui j'avais volontairement proposer d'enseigner. Je pensais : « Je leur enseignerai l'importance de la prière. » J'ai fini par me sentir beaucoup plus en paix, et j'ai prié.
>
> Soudain mes pensées de convoitise sont revenues. Je me suis levé et j'ai hurlé en moi-même à Satan et à Dieu : « Je ne veux rien de toi Dieu ni de toi Satan. Pourquoi ne me laissez-vous pas tranquille ? Je n'ai pas demandé à être créé. Pourquoi vous livrez-vous combat en moi ? Je me

---

[1] Études Supérieures aux États-Unis.

demande si je survivrai à ce combat ! Que restera-t-il de moi quand vous en aurez fini ? »

Dans toute cette frénésie, la seule chose qui me consolait, comme une éclaircie dans la tempête, était de penser à ce que vous m'aviez dit la dernière fois que vous êtes venu à l'école en me disant au-revoir. Je passais dans le couloir quand vous m'avez appelé : « Reviens me dire au-revoir. » Seuls ces mots encore et encore interrompaient ma tempête intérieure : « Reviens me dire au-revoir ».

Pourquoi ne m'avez-vous pas laissé tranquille ? Pourquoi m'avez-vous laissé m'apitoyer sur moi-même ? Mes yeux se remplirent de larmes à l'idée que vous étiez la seule personne à qui je pouvais en toute sécurité écrire ces choses. Peut-être que je n'en parle pas aux autres parce que je veux être un ange, ou par orgueil, ou parce que je ne veux pas torturer les autres avec mes horribles sentiments. Mais je le dis à vous, parce que cela m'apporte quelque soulagement.

Vous me dites que ce ne sont là que des tigres de papier, mais le papier coupe aussi. Je poste cette lettre avec beaucoup de réserves. C'est comme si je déchirais un morceau de moi-même et que je le mettais à la poste. Je veux vraiment faire partie de Dieu et de son œuvre, mais parfois je ne sais plus vraiment qui je suis. »

Bien que dans ses *Confessions* saint Augustin ne soit pas très explicite sur la nature de l'obsession avec laquelle il combattait, il y un parallèle fort entre son expérience et celle de ce jeune homme. Saint Augustin cependant, contrairement au jeune homme, ne parle pas de frustration devant l'incapacité apparente de Dieu à l'aider. Pourtant, tous ceux qui connaissent un peu les écrits du saint à cette époque de sa vie se douteront qu'il a en fait vécu les mêmes sentiments à l'égard de Dieu, ce qui aurait donné lieu à ses derniers écrits sur l'humilité.

L'extrait suivant des *Confessions* résume le conflit douloureux de quelqu'un qui se bat avec une obsession :

> « Voilà les faiblesses et les tourments dans lesquels j'étais. Je m'accusais moi-même beaucoup plus aigrement qu'à l'ordinaire ; et je me tournais et me roulais dans mes liens jusqu'à ce que j'en fusse tout dégagé, et que les moindres chaînons de cette chaîne auxquels je tenais un peu, et qui m'attachaient encore assez pour m'empêcher d'être libre, fussent tous rompus. Vous me pressiez, mon Dieu, dans le fond du cœur par une sévère miséricorde, et redoubliez les sentiments de ma confusion et de ma crainte, dont vous vous serviez comme d'aiguillons pour m'exciter à sortir de cette malheureuse négligence, en me faisant voir d'un côté qu'il était honteux d'y demeurer, et en me faisant appréhender de l'autre que si je n'achevais de rompre ce qui restait de ma chaîne, elle ne se renouât et ne m'attachât plus fortement que jamais. Car je disais en moi-même du plus profond de mon âme : « Ne différons pas davantage. Convertissons-nous tout à cette heure » et par ces paroles je m'avançais dans l'exécution de mon dessein. Je l'accomplissais presque et je ne l'accomplissais pas néanmoins. Je ne retombais pas toutefois dans mes anciennes passions ; mais j'en étais encore proche, et semblais reprendre haleine. Je faisais ensuite de nouveaux efforts, et je touchais et embrassais presque déjà le bien que je désirais ; et néanmoins je ne le touchais ni ne l'embrassais pas encore, puisque je n'étais pas entièrement résolu de mourir à la mort pour vivre à la vie ; le mal qui m'était tourné en habitude ayant plus de pouvoir sur moi que le bien auquel je n'étais pas accoutumé. Et plus le moment de ma conversion s'approchait, plus je sentais ma frayeur se redoubler : mais cette frayeur suspendait seulement l'exécution de mon dessein sans pouvoir me divertir ni m'en faire retourner en arrière.
>
> Ces niaiseries et ces folles vanités qui étaient mes anciennes amies me retenaient et, me tirant comme par la

> robe de ma chair, me disaient d'une voix basse : « Voulez-vous nous abandonner ? Sera-ce dès ce moment que vous nous quitterez pour jamais ? Et ce même moment vous ôtera-t-il pour jamais la liberté de faire cette action ou cette autre ? » Que votre miséricorde mon Dieu efface de la mémoire de votre serviteur ce qu'elles me figuraient, et ce que j'ai exprimé sous ces noms d'une action ou d'une autre. Quelles ordures et quelles infamies ne représenteraient-elles point à mon esprit ? Je les entendais beaucoup moins toutefois qu'à demi, comme s'opposant hardiment à moi et venant à ma rencontre, mais comme parlant entre leurs dents derrière moi. Et lorsque je m'en allais, elles me tiraient comme à la dérobée pour m'obliger à les regarder. Ainsi, quoiqu'elles ne pussent m'arrêter, elles ne laissaient pas de me retarder et de me rendre plus lent à secouer et à rompre entièrement ces chaînes qui m'attachaient encore à elles, pour passer avec vitesse où votre grâce m'appelait. Car cette violente habitude me disait : « Pensez-vous pouvoir vivre sans elles ? »[1]

La lettre écarlate

J'ai emprunté ce terme à Nathaniel Hawthorne pour caractériser les déviations sexuelles ; non parce qu'elles sont le sujet de son roman, mais parce qu'elles sont souvent les points de repère symboliques du psychisme d'un individu.

Une personne seule peut être la proie de désirs ou de tendances déviés qui ne sont pas nécessairement exprimés mais qui sont toujours extrêmement désagréables. La liste de ces tendances frustrantes est fastidieuse. Elles ont été très bien étudiées par Otto Fenichel, l'un des disciples de Freud

---

[1] *Confessions* Éditions Gallimard Folio Classique, livre VIII, chap.XI pp 285, 286, 287.

les plus perspicaces.[1] Il faut reconnaître que les premiers freudiens ont excellé dans la compréhension des mécanismes de déviations.

Sans dresser une liste fastidieuse des déviations, il suffit de dire qu'une personne peut se trouver acculée à ces formes de gratification sexuelle en raison d'un développement psychologique inadapté. Ces actes peuvent aller du voyeurisme (le fait de regarder des scènes sexuelles) au sadisme. Le fétichisme est sans doute la déviation la plus courante après le voyeurisme. Il peut consister en un attouchement des parties intimes d'une autre personne, ou en tout autre comportement qui n'a pour les autres aucune signification sexuelle, comme toucher un peigne ou manger un fruit frais. Il est parfois possible de reconnaître quelques composantes sexuelles et parfois non. Les personnes qui souffrent de déviations ont une rancune particulière. Elles souffrent d'un isolement terrible avec leur secret, qui est comme leur *lettre écarlate* brandie devant eux. Ceci est particulièrement vrai si l'objet de la déviation n'a aucune connotation sexuelle pour les autres.

Une personne seule qui veut mener une vie chaste peut accidentellement exacerber une déviation en allant aux extrêmes pour l'éviter. Ceci ne fait que souligner l'anxiété, et renforce le poids de la déviation. D'autre part, la recherche directe du plaisir sexuel à partir de la déviation la renforce toujours, et porte en même temps un terrible préjudice à l'image que la personne aura d'elle-même. Même si cela est très difficile, toute personne qui se débat avec une déviation trouvera beaucoup de réconfort à en parler avec quelqu'un à

---

[1] Cf. Otto Fenichel, M.D.*The Psychoanalytic Theory of Neurosis.* New York : W.W. Norton & Co, 1945. Ce livre ne s'adresse pas à tout public, mais il peut être intéressant pour ceux qui ont une expérience des méthodes de psychothérapie.

même de l'aider, un conseiller ou un confesseur, même si le désir a conduit à des situations de péché. Comme les tigres de papier et les fantômes, il vaut mieux regarder les déviations en plein jour. J'ai constaté qu'une personne qui avait été très réprimée dans son enfance pourrait avoir des pensées déviantes de type sadomasochistes ou encore être troublée par des désirs incestueux. Tout cela peut être libéré si on le regarde objectivement dans une discussion intelligente et franche. Plus l'individu va regarder les racines de sa déviation, plus il pourra la contrôler ou même la détourner.

2 - *Les occasions cachées de manque à la chasteté*

Après avoir abordé les quatre formes les plus courantes de manque à la chasteté, nous pourrions terminer ce sujet en considérant les occasions cachées de difficulté sexuelle. Nous en trouverons quelques-unes, comme l'apitoiement sur soi-même, qui ne sont que des extensions d'éléments plus évidents tels le narcissisme, et quelques autres encore dont on ne parle que rarement, comme l'action d'influences malignes extérieures à l'individu.

Apitoiement sur soi-même

Lorsqu'une personne s'apitoie sur son sort, même si ce sentiment est quelque peu justifié par les circonstances, il y a un réel danger de régression et de retour à un comportement infantile. Le laxisme sexuel, particulièrement l'auto-érotisme, est surtout fréquent dans ce cas-là. Nous traversons tous des périodes où nous sommes tentés de nous apitoyer sur nous-mêmes - « pitié-parties » comme les appelait ma grand-mère irlandaise. Cependant, les personnes sérieuses et sensées - celles-là mêmes qui sont le plus appelées à vivre la chasteté dans le célibat - sont particulièrement prédisposées à cet apitoiement. Les célibataires qui n'ont pas d'époux ou d'enfants pour les distraire seront plus tentés de se retirer dans cet apitoiement sur eux-mêmes. Ceci est encore plus vrai pour une personne chaste qui s'efforce d'être toujours patiente et charitable. Il semble qu'elle n'ait guère autre chose à faire que de mettre le disque du « Clair de Lune » en attendant que vienne la tentation. L'autre alternative est de rire de soi-même, de sortir et de faire quelque chose pour quelqu'un qui a de réels problèmes.

Colère et rage

Un nombre étonnant de bons chrétiens sont remplis de colère contre le monde, contre eux-mêmes et à l'extrême contre Dieu. Leur colère est souvent profondément enfouie et se manifeste par la frustration et la dépression. Elle peut également se manifester par une activité sexuelle de l'une des formes mentionnées ci-dessus. Un comportement sexuel de ce type est généralement autopunitif, et incite la personne à agir de telle sorte que le moindre plaisir devienne douloureux.

Dans ce cas-là, la personne se trouve emprisonnée dans une obsession qui est une expression déformée de la sexualité. Cette situation nécessite généralement le recours à la psychothérapie, pour que la personne puisse libérer sa colère de manière appropriée et en chercher les causes réelles. Ces personnes ont besoin de réaliser que la quintessence du comportement névrotique est d'agir envers des symboles comme s'ils étaient l'objet réel de ses émotions. Le moi ou toute autre personne, ou l'Eglise, ou peut-être même l'image de Dieu, devient alors le centre d'une colère qui est irrépressible et mal dirigée. La colère s'en prend souvent aux parents qui ont innocemment commis une faute dans l'éducation de leurs enfants.

L'Amour inattendu

Il peut arriver que deux personnes se rencontrent à un moment très douloureux ou vulnérable de leur chemin spirituel. Ceci en toute innocence puisqu'aucun des deux ne recherche un rapport sexuel. Peut-être même n'éprouvent-ils aucune attirance sexuelle l'un pour l'autre, mais ils traversent tous deux une phase de régression et de besoins émotionnels caractéristiques d'une période de transition. Ainsi par exemple, une relation peut se développer entre une femme plutôt âgée et un homme jeune, ou entre deux personnes du même sexe qui n'ont aucune tendance homosexuelle. Ce qui est réellement vécu est une dépendance soudaine et profonde à un moment de stress psychologique.

A ce moment-là, le soutien et les conseils d'amis dévoués sont absolument essentiels. Une explication directe de ce qui se passe avec une certaine ouverture sur son être intérieur peut empêcher que de tels liens émotionnels n'aboutissent à une expression sexuelle. Cela épargnera beaucoup de souffrances et de honte pour chacune des personnes et préservera aussi leur amitié de façon durable. Il peut arriver dans un cas semblable qu'une seule personne sur les deux soit psychologiquement vulnérable et en situation de traumatisme. Il appartient alors à l'autre personne de se montrer généreuse, de soutenir, mais tout en contrôlant bien la situation. Si malgré cette approche raisonnable il n'est pas possible de contrôler la personne qui est émotionnellement perturbée, il sera sans doute nécessaire de se retirer. Quelqu'un qui cherche à être un bon chrétien peut se sentir coupable de tels agissements, mais c'est peut-être nécessaire pour la santé psychologique de l'autre personne.

Les forces obscures du mal

Depuis des siècles, à l'intérieur et à l'extérieur de la Chrétienté, ont été blâmées les puissances des ténèbres dans la tentation sexuelle et le péché. L'homme moderne, lui, acquiert une compréhension de plus en plus grande de la nature de l'inconscient et de la complexité des dynamismes de l'esprit, et tend à écarter toute référence aux forces obscurantistes du mal. C'est une attitude dangereuse, parce que saint Paul nous a assuré que ce n'est pas contre la chair et le sang que nous avons à lutter mais contre les principautés, les puissances, et contre les régisseurs du monde des ténèbres (Ep 12, 6). Même ceux qui croient à l'existence des puissances des ténèbres tendent à les déprécier et à leur enlever toute puissance d'action sur les êtres humains. Ils ne se souviennent plus que le Christ a été trahi parce que *« Satan est entré dans Judas »* (Jn 12, 27).

Il n'y a aucun doute que l'abus de sexualité a fait beaucoup de mal aux êtres humains. Des souffrances cachées ainsi que beaucoup de crimes sont dûs à des comportements sexuels interdits, même si c'est dans l'ignorance. Un tel comportement est tellement préjudiciable qu'il faut alors prendre du recul et se demander si les forces du mal, ainsi qu'elles ont appelées dans les Ecritures Saintes, ne sont pas aussi responsables. Toute personne qui n'a aucune expérience de ces choses doit seulement observer et garder cette éventualité à l'esprit.

Toute personne qui se sent oppressée ou perturbée par une force extérieure doit veiller à ne pas abandonner toute responsabilité dans son propre comportement. Mais on peut lui conseiller de demander la délivrance de toute forme de mal extérieur à elle. Il est très important dans ce cas-là d'avoir recours à la prière et aux sacrements.

Ceux qui ont l'habitude de s'occuper de personnes perturbées, par une obsession et des conflits sexuels seront sans doute vigilants pour reconnaître les influences du mal à l'œuvre dans une personne. Je connais plusieurs personnes pieuses qui ont traversé des conflits sexuels graves. En regardant des images d'holocaustes ou d'autres atrocités humaines, elles disent pouvoir reconnaître l'œuvre de forces malveillantes. Il ne fait aucun doute que si le vingtième siècle refuse l'existence de Satan, il donne aussi de nombreux exemples de comportement qui nous amènent à suspecter son influence. La nature humaine ne peut pas être mauvaise, si elle n'y est pas aidée.[1] Ceux qui combattent pour vivre la chasteté dans le célibat ne doivent pas être surpris de rencontrer ce genre d'obstacles. Ils doivent prier à la fois pour la guérison et la délivrance, au mieux avec d'autres et surtout avec quelqu'un qui estime leur combat.

3 - Il te sauvera et te guérira

La longue lutte que je viens de décrire contre les problèmes sexuels peut être très décourageante pour un bon chrétien, qu'il soit célibataire ou marié. Personne n'a jamais dit qu'il serait toujours agréable d'être disciple du Christ. Il y a cependant un aspect très encourageant dans cette lutte : réaliser qu'en luttant pour surmonter ces problèmes, on travaille à l'œuvre de Dieu.

---

[1] Le pape Paul VI a encouragé les chrétiens à ne pas écarter les influences sataniques comme des incompréhensions du sub-conscient ou de tout autre processus psychologique. Son sermon puissant « Délivre-nous du mal » (15 nov. 1973) publié dans *L'Osservatore Romano* (23 nov. 1973) est cité dans *La prière de délivrance* de M. et D. Linn, S.J. New York : Paulist Press, 1980. Ce livre pourra beaucoup aider ceux qui s'intéressent au sujet.

Le Christ a encouragé ses disciples à vivre de Sa Parole et à savoir que la vérité les rendra libres. Chacune de ces tendances sexuelles si l'on s'y soumet, signifie quitter ce chemin de disciple, si elle n'est pas une trahison. Chacune de ces tendances entraîne l'individu dans un refus de la vérité. Elles sont une fuite dans l'imaginaire ; ce sont des mensonges à soi-même sur la vie et sur l'amour. Ce sont finalement de faux dieux. Un chrétien qui lutte pour les surmonter même sans succès apparent, fait son travail de disciple. L'Evangile nous dit clairement que les apôtres ne réussissaient pas toujours sur leur chemin de disciple.

Vous dites peut-être : « Oui, j'ai essayé, mais je suis fatigué de mes échecs. » Vous aviez peut-être pensé que ce serait plus facile que ça ne l'est. Vous avez peut-être sous-estimé le pouvoir du subconscient, les blessures de l'enfance, et le narcissisme non résolu de votre personnalité. Il est possible que vous n'ayez jamais pensé aux défis d'une vocation de continence, sans aucune expression génitale d'intimité, ce qui est l'une des beautés du mariage.

Saint Augustin, qui est passé d'une vie de débauche à une relation de foi avec une femme célibataire, puis à une vie de célibataire chaste, peut avoir des choses à vous apprendre sur la sévérité de ce combat, et la puissance de la grâce et le message de l'Ecriture. Cela vaut la peine de prendre du temps pour méditer le passage suivant.

> Après qu'une profonde méditation eût tiré des plus secrets replis de mon âme, et exposé à la vue de mon esprit toutes mes misères et tous mes égarements, je sentis s'élever dans mon cœur une grande tempête qui fut suivie d'une pluie de larmes, et afin de la pouvoir verser tout entière avec les gémissements dont elle était accompagnée, je me levai et me séparai d'Alipe, jugeant que la solitude me serait plus propre pour pleurer tout à mon aise ; et je me retirai assez

loin à l'écart, afin de n'être point troublé même par la présence d'un si cher ami.

Voilà l'état où j'étais, dont il s'aperçut. Car je crois que j'avais dit quelque parole d'un ton de voix qui témoignait assez que j'étais tout près de fondre en larmes. Ainsi je me levai ; et lui, tout rempli d'étonnement, demeura au même lieu où nous étions assis. Je me couchai par terre sous un figuier : je ne saurai dire en quelle manière ; et ne pouvant plus tenir mes larmes, il en sortit de mes yeux des fleuves et des torrents, que vous reçutes comme un sacrifice agréable. Je vous dis plusieurs choses ensuite, sinon en ces mêmes termes, au moins en ce même sens : « Seigneur, jusques à quand ? Jusques à quand serez-vous en colère contre moi ? Oubliez s'il vous plaît les iniquités passées. » Car je connaissais bien que c'étaient elles qui me retenaient. Et c'était ce qui me faisait dire avec une voix lamentable : « Jusques à quand ? Jusques à quand remettrai-je toujours au lendemain ? Pourquoi ne sera-ce pas tout à cette heure ? Pourquoi mes ordures et mes saletés ne finiront-elles pas dès ce moment ? »

Comme je parlais de la sorte, et je pleurais très amèrement dans une profonde affliction de mon cœur, j'entendis sortir de la maison la plus proche une voix comme d'un jeune garçon ou d'une fille qui disait et répétait souvent en chantant : *« prenez et lisez, prenez et lisez »*. Je changeai soudain de visage, et commençai à penser en moi-même si les enfants ont accoutumé de chanter en certains jeux quelque chose de semblable ; et il ne me souvint point de l'avoir jamais remarqué. Ainsi j'arrêtai le cours de mes larmes, et me levai sans pouvoir penser autre chose, sinon que Dieu me commandait d'ouvrir le livre des Epîtres de saint Paul, et de lire le premier endroit que je trouverais : car j'avais appris que saint Antoine étant un jour entré dans l'Eglise lorsqu'on lisait l'Evangile, avait écouté et reçu comme particulièrement adressées à lui ces paroles qu'on en lisait : *« Allez, vendez tout ce que vous avez, et donnez-le aux pauvres ; vous aurez un trésor dans le ciel : et venez et me suivez.* » Et que par cet oracle qu'il entendit, il fut dans le même moment converti à vous.

Je retournai donc aussitôt vers le lieu où Alipe était assis, parce que j'y avais laissé les Epîtres de saint Paul lorsque j'en étais parti. Je pris le livre, je l'ouvris, et dans le premier endroit que je rencontrai, je lus tout bas ces paroles sur lesquelles d'abord je jetai les yeux : *« Ne vivez pas dans les festins et dans l'ivrognerie, ni dans les impudicités et les débauches, ni dans les contentions et les envies ; mais revêtez-vous de notre Seigneur Jésus-Christ, et ne cherchez pas à contenter votre chair selon les plaisirs de votre sensualité.* » Je n'en voulus pas lire davantage ; et aussi n'en était-il pas besoin, puisque je n'eus pas plutôt achevé de lire ce peu de lignes qu'il se répandit dans mon cœur comme une lumière qui le mit dans un plein repos et dissipa toutes les ténèbres de mes doutes...

De là nous allâmes trouver ma mère ; et lui ayant dit ce qui était arrivé, elle s'en réjouit. Nous lui contâmes ensuite de quelle sorte tout s'était passé : et elle en fut ravie. Elle tressaillait de joie, et louait vos miséricordes, Seigneur dont la bonté toute puissante prend plaisir à surpasser par la profusion de ses grâces, non seulement nos demandes et nos désirs, mais même aussi nos pensées. Car elle voyait que vous lui aviez beaucoup plus accordé pour moi, qu'elle n'avait accoutumé de vous demander par ses gémissements et par ses larmes ; puisque vous m'aviez converti à vous d'une telle sorte que je ne pensais plus à me marier, et renonçais pour jamais à toutes les espérances du siècle pour demeurer ferme dans cette règle de la foi où vous lui aviez révélé tant d'années auparavant que je serais avec elle. Ainsi vous changeâtes ses pleurs en une joie beaucoup plus grande qu'elle n'avait osé désirer, et d'une manière beaucoup plus chaste et qui lui était plus agréable que si elle eût vu naître les enfants qu'elle me souhaitait dans un légitime mariage.[1]

[1] *Confessions, op. cit.* VIII, XII, pp. 141-142.

CHAPITRE II

UN CÉLIBAT QUI A DU STYLE

On fait souvent sentir aux célibataires, et particulièrement aux laïcs, qu'ils sont des citoyens de seconde classe, et ils finissent par le ressentir. Un célibataire qui affronte la vie seul peut malheureusement se sentir intimidé dans un monde de couples. Le plus souvent personne ne vous attend à l'aéroport, vous n'avez personne avec qui discuter des problèmes, personne à appeler lorsqu'au volant de votre voiture vous reculez dans un arbre. Les urgences mineures de la vie font souvent ressortir la vulnérabilité des personnes seules et leur manque de soutien. Tout le monde ira chercher de l'aide pour une urgence majeure. Nous allons tous à l'hôpital pour une opération, mais un célibataire restera seul à la maison pour soigner un mauvais rhume.

Beaucoup de célibataires, conscients de leurs raisons personnelles de rester seul, se sentent inférieurs parce que ces raisons ne sont souvent pas très flatteuses (ils devraient penser aux raisons que peuvent avoir certaines personnes de se marier). Les problèmes sexuels que nous avons déjà abordés sont souvent entretenus par apitoiement sur soi-même, et il est facile pour un célibataire de rentrer dans un cercle vicieux de haine de lui-même et de sentiment d'échec. Quelques sociologues pensent que la personne la plus vulnérable dans la société américaine est l'homme célibataire d'âge mûr. Un homme célibataire peut facilement être mal compris et être montré du doigt parce qu'il vit seul. La vulnérabilité est largement fondée sur des attitudes psychologiques que le célibataire génère lui-même.

1 - Il n'est pas bon d'être seul

Etre célibataire ne signifie pas nécessairement être seul. Le célibataire qui désire rester chaste doit s'assurer qu'il ou elle n'est pas trop seul(e). Ceci suppose une attitude positive sur la valeur d'avoir des amis et des relations amicales. Si vous êtes célibataire, veillez à être un membre actif dans votre voisinage ou dans l'immeuble dans lequel vous vivez. Participez à des sorties ! Portez-vous volontaire pour des choses qui demandent un certain civisme. Il vous faut absolument trouver votre place dans votre paroisse ; si vous n'y parvenez pas, changez de paroisse.

Le célibataire doit être membre d'un club ou d'un groupe de soutien spirituel, comme un Tiers Ordre, ou d'une communauté chrétienne. Un célibataire souriant qui se met à la besogne est un atout pour quiconque veut organiser une paroisse ou un voisinage. Les membres du clergé sont généralement à l'aise dans leur célibat, parce qu'ils participent à beaucoup de choses de par leur vocation même. Les prêtres et les religieuses isolées ont, par contre, souvent du mal à trouver un équilibre de vie.

Les célibataires devraient également entretenir un grand nombre d'amitiés. Pour eux les amis sont plus nécessaires que pour ceux qui sont mariés. Les célibataires s'entendent bien avec des célibataires du même âge. Ceci est vrai aussi pour les religieux et les prêtres. Avoir des amis demande un investissement de temps et d'intérêt. Vous pouvez avoir des amis qui aiment faire ce que vous n'auriez jamais choisi de faire, mais vous suivez. Des hommes célibataires devraient savoir cuisiner et inviter d'autres célibataires à dîner. Des femmes célibataires qui s'inquiètent pour leur sécurité financière à venir devraient dépenser un peu maintenant, pour en profiter et enrichir leur vie avec leurs amis. Les amis peuvent être une bien meilleure sécurité qu'un compte en banque.

2 - Le petit plus

Le célibataire peut aussi s'investir dans de bonnes œuvres. Un dévouement honnête aux pauvres et aux nécessiteux est une grande source de force et de satisfaction personnelle pour de nombreux célibataires. Ne s'occuper que des nécessiteux de notre famille peut cependant être un piège, car les parents proches auront tendance à devenir excessivement dépendants du célibataire. Il est préférable de répandre la charité loin et largement, et de ne pas perdre trop de temps à attendre une reconnaissance, particulièrement de sa propre famille. Si vous voulez de la gratitude, achetez un chien.

Finalement le ou la célibataire devrait réaliser ce besoin de donner un peu plus. Ne vous en irritez pas ou vous ne serez jamais capable de le faire. Vous devez faire ce pas supplémentaire particulièrement auprès d'amis mariés et de familles.

Laissez-moi prendre un exemple. Le pique-nique familial annuel approche, et les mères et les filles préparent des grands plats. Les célibataires peuvent plus facilement apporter quelque douceur, un gâteau ou un vin spécial. Il y a peu de différences entre les contributions en terme de travail et d'ingrédients, mais le débours revient plus au célibataire. Chaque famille fait participer ses enfants à cette journée. Dessins d'enfants, photos du dernier mariage, diplômes font le tour de la table. Les célibataires doivent s'intéresser à tout cela, et s'ils sont avisés ils montreront leur intérêt.

Comme petit plus, le célibataire pourra apporter un jeu pour que tout le groupe s'amuse, ou un sac plein de ballons multicolores pour la décoration. Quelques-uns ne remarqueront même pas l'attention mais d'autres oui. C'est toute la différence entre Oncle Ed qui était un vieux garçon tranquille (il n'avait que cinquante-six ans lorsqu'il est mort), et Oncle Mike que tout le monde aimait et qui envoyait à chacun une carte d'anniversaire. Il ne paraissait jamais vieillir. « Même si c'était un vieux garçon, il était si drôle. » Choisissez. Cependant il me semble que, puisque nous ne faisons qu'un aller simple ici-bas, autant le prendre en première classe.

Il en est de même pour les veufs et les divorcés, particulièrement si leurs enfants ont grandi. Sortez de vous-même, faites ce pas supplémentaire, soyez un atout plutôt qu'une charge, un ami compréhensif plutôt que simplement une autre face de l'image.

En cherchant dans mon enfance, j'ai de très bons souvenirs de parents proches qui se donnaient du mal pour s'occuper de moi et s'intéresser à ce que je faisais. Je me souviens d'une vieille tante par alliance célibataire, Tante Jo, et d'une vieille veuve, Cousine Minnie, qui étaient toutes deux de compagnie très agréable. Même si mes deux grand-mères veuves allaient bien au-delà de leur charge (l'une était une touriste intrépide et nous avons fait toutes sortes d'expéditions dans des endroits aussi étranges qu'excitants), je sentais plus ou moins qu'elle nous devait d'être gentille. Mais ce n'était pas le cas pour Minnie et Jo. C'était des célibataires qui avaient décidé d'être partie intégrante de la vie. Elles s'intéressaient aux autres, même si leurs propres vies se cloisonnaient à des horizons limités. Je voudrais ajouter que je ne me souviens pas, enfant, de les avoir particulièrement remerciées, mais elles savaient que je les aimais.

3 - Intérêt

C'est l'une des anomalies d'un monde déchu que les couples se sentent déprimés parce que tous leurs loisirs se passent à l'éducation et au soin de leurs enfants. Les célibataires se plaignent qu'ils n'ont pas d'enfants à s'occuper, et qu'ils ne savent que faire de leurs loisirs. J'encouragerai toujours les couples à mettre leur intérêt au-delà de leur propre maison, aussi satisfaisant que cela puisse être. Le célibataire a plus encore besoin de cultiver des intérêts qui sont intelligents, enrichissants et, si possible, utiles aux autres. Un passe-temps créatif comme le travail du bois ou les travaux d'aiguille met de la couleur dans une vie.

J'ai toujours pensé que les passe-temps étaient une perte de temps et une raison d'aboutir au purgatoire. Quelques-uns le sont effectivement (par exemple collectionner les capsules de bière). Un bon passe-temps comme la peinture est une occasion de s'exprimer. Il peut révéler à une personne les trésors de vie qu'il reconnaît difficilement. J'ai découvert ces dernières années que l'astronomie était un passe-temps fascinant, que je partage avec beaucoup d'autres. C'est également une source créatrice de méditation et de prière.

L'intérêt qui dépasse tous les autres se trouve dans les êtres humains. Nous avons déjà parlé de l'amitié et de l'intimité. Des amis proches font partie de la richesse de la vie. On rapporte que le Cardinal Newman aimait dire que la plus grande bénédiction qu'il avait reçu était d'avoir de bons amis. Nous avons vu que l'amitié signifie partager une intimité non-sexuelle, basée sur la complémentarité, la similitude d'intérêt et d'expérience, ou peut-être les différences. Il est bon d'avoir des amis d'origine et d'intérêt divers, tant que certains points, comme les valeurs, peuvent être partagés.

Il est également très riche d'avoir des amis d'âges différents. Une bonne collection d'amis comprend des amis plus âgés qui servent de mentors, ou du moins d'observateurs de la scène. Quelques amis plus jeunes vous empêcheront de vieillir. Rien n'est plus rafraîchissant que d'apprendre d'un ami plus âgé ou de communiquer des trésors à un ami plus jeune. Ceci satisfait pour un célibataire beaucoup des besoins que nous pouvons ressentir, notamment ce désir d'être enfant parfois et parents d'autres fois.

Outre ces amis intimes, nous avons besoin de relations intéressantes et amicales. Le célibataire doit se mêler aux gens connus comme aux gens tranquilles et retirés. Nous trouvons des gens connus qui font étinceler la vie en toute chose, sans être indiscret. Nous pouvons devenir amis avec l'un d'entre eux. Ceci doit être contrebalancé par des relations amicales avec votre coiffeur, votre cordonnier, et votre traiteur. Quelques mots échangés régulièrement dans la rue, un geste de gentillesse, une visite pour prier à la veillée mortuaire de la femme du postier - toutes ces choses font que la vie vaut la peine d'être vécue, particulièrement pour le célibataire. Si vous prenez le temps de vous intéresser aux gens, votre plus grand problème sera de gérer votre liste de cartes de vœux.

4 - Mieux vaut être perdant en aimant

Que l'on soit marié ou célibataire, il y a toujours de nouvelles occasions d'être généreux au-delà du simple devoir. Ces occasions sont peut-être plus accessibles au célibataire dont on suppose, pas toujours à juste titre, qu'il a plus de ressources. Par exemple un neveu, de famille nombreuse, peut avoir besoin d'une avance de quelques centaines de dollars pour ses études supérieures ; une autre cousine, en difficultés financières, peut avoir besoin de quelque argent pour participer aux frais de la réception pour son mariage ; sa propre sœur peut avoir besoin d'un acompte pour le paiement d'une maison. Dans tous ces cas-là on se tourne vers le ou la célibataire. Il ou elle essaye de répondre et de secourir. Beaucoup de célibataires sont irrités de toutes ces attentes ; en fait, les célibataires payent plus d'impôts en tant que personne individuelle que les couples et il est vrai que les dépenses sont à peu près les mêmes pour une personne seule que pour un couple. On oublie aussi facilement qu'un ou une célibataire doit assurer complètement sa retraite.

Si cependant vous voulez vivre pleinement, il est un bon principe qui consiste à donner jusqu'à ce que cela fasse un peu mal, même si les autres oublient votre générosité. Parents et amis ne penseront peut-être jamais à vous rembourser quand leur fortune viendra, mais il vaut mieux aimer en étant perdant, que n'avoir jamais aimé. L'Evangile nous dit d'aimer notre Père du Ciel qui est généreux avec tous. La personne avare ne ferme pas seulement sa porte aux autres, mais elle la ferme aussi à Dieu. Un ou une célibataire qui n'a pas ce sens de la générosité est sûr(e) d'avoir d'autres problèmes dans la vie - un plaisir solitaire ou une lettre écarlate.

5 - Le cœur sans repos

Nous parlerons au chapitre trois de la vie spirituelle des célibataires. Nous verrons comment la chasteté est un point essentiel dans le développement spirituel des personnes non mariées.

Dans *Les Confessions,* saint Augustin priait ainsi : « *Vous nous avez faits pour vous, O Dieu, et nos cœurs sont sans repos tant qu'ils ne reposent en vous.* » Le célibataire qui n'a pas une vie spirituelle vibrante, pleine de résolution et de volonté de persévérer dans l'épreuve et l'aridité, ressentira douloureusement ce cœur sans repos. L'homme qui a charge de famille trouvera quelque consolation en sachant qu'il sert Dieu en servant sa femme et ses enfants. Même s'il vit un secret manque à la chasteté et une infidélité, malgré ses bonnes intentions et son amour pour sa femme, il peut se consoler en se disant qu'il a « mis le pain sur la table ». Le célibataire lui, même s'il est prêtre ou religieux supporte la solitude, l'incompréhension et peut-être la faute morale, mais il doit faire face tout seul. Les amis sont importants mais ils ne sont pas toujours là, particulièrement au plus profond de la nuit.

Pour le célibataire, la seule réponse est une vie de prière dévouée et ordonnée. Cela suppose une participation fréquente à l'Eucharistie et la pratique des autres sacrements. La dévotion au Christ dans l'Eucharistie est le centre émotionnel de beaucoup de vies de célibataires. Des habitudes de prière quotidienne, des lectures spirituelles et une méditation régulière font partie du rythme de vie. Un bon régime de prière peut se prendre en quelques semaines et il portera la personne dans les moments difficiles. Le ou la célibataire n'a personne avec qui partager la douleur, la frustration, particulièrement lorsque les besoins sexuels sont intenses. C'est alors que la prière est tellement importante. Ceci est particulièrement vrai pour quelqu'un qui lutte contre des impulsions déviées ou d'auto-érotisme.

J'aimerais finir ce chapitre par la prière d'un homme amoureux et pourtant seul. Francis Thompson a été séparé de sa famille et bien malchanceux dans sa vie personnelle, bien qu'étant un grand poète. Toute sa vie il a cherché à faire tout ce que je viens de dire dans ce chapitre et, échoué, mais il priait et remerciait Dieu. Il a écrit ce poème sur le pont de Charing Cross à Londres où il avait l'habitude de s'asseoir sur les bancs du parc près de la berge de la Tamise. Peut-être qu'un peu de la force que cet homme solitaire tirait du Christ vous sera transmise en lisant ces quelques lignes.

6 - Le Royaume de Dieu

Ô monde invisible, nous te contemplons,
Ô monde intangible, nous te touchons,
Ô monde inconnaissable, nous te pénétrons,
Incompréhensible, nous te saisissons !

Le poisson vole-t-il pour parvenir à l'océan,
L'aigle plonge-t-il afin de respirer
Pour que nous demandions aux étoiles en mouvement
Si dans le firmament, on parle parfois de toi ?

Non pas au sein des galaxies qui tournoient
Là où planent nos consciences engourdies !
Combien davantage, dans le battement des ailes
Si nous prêtons l'oreille, vers nos portes emmurées

De beaux anges demeurent dans des sphères éternelles.
Retourne une pierre, une aile se déploiera !
Hélas, toi qui te tiens à l'écart,
Les splendeurs de l'amour t'échappent.

Sache que si tes pleurs atteignent le seuil de l'angoisse,
Le rayonnement du va-et-vient des anges, sur l'échelle de Jacob
Dressée entre le Ciel et Charing-Cross
T'illuminera et te consolera.

Oui, au cœur de la nuit, mon âme, ma fille,
Laisse couler tes larmes, en t'agrippant au ciel ;
Alors, le Christ marchera sur les eaux,
Non de Génésareth, mais de la Tamise !

CHAPITRE III

LES TÉNÈBRES ET LA LUMIÈRE

A certains égards, ce chapitre a été le plus facile à écrire, et c'est le plus difficile, parce qu'il traite de tant de choses qui sont apparemment irrationnelles et ne se comprennent pas facilement. Et c'est pourtant sans doute le chapitre le plus important pour comprendre la chasteté dans le célibat et parvenir à préserver cette chasteté. Les fantasmes, les rêves, les tentations et les péchés sont les ténèbres ; ils sont souvent mystérieux et provoquent d'intenses souffrances pour l'individu. La lumière, le côté brillant, c'est arriver à atteindre cette chasteté, soit en surmontant une tentation accidentelle, soit sur une période plus longue, ou pour toute la vie. Il nous faut regarder soigneusement et intelligemment à la fois ces ténèbres et cette lumière.

1 - Fantasmes

Tous les aspects de la vie se reflètent d'une manière ou d'une autre dans notre esprit conscient. Nous sommes conscients, quoiqu'à peine, des fonctions biologiques de notre corps, mais elles sont si persistantes que nous ne sommes pas en mesure d'y faire face consciemment avant qu'elles ne cessent ou ne soient altérées. Nous ne remarquons une horloge que lorsque nous n'entendons plus son tic-tac. Nous ne sommes souvent conscients de nos besoins insatisfaits que par le souvenir de leur satisfaction dans le passé, ou par le désir et le fantasme dans le présent. Quelques personnes qui ont connu la faim se sont souvenu plus tard qu'elles s'imaginaient à table, ce qui était principalement un souvenir du temps où elles ne manquaient pas. Les fantasmes sexuels ne reflètent pas seulement nos fonctions biologiques mais aussi nos besoins profonds, comme l'expression sexuelle de notre être et le besoin de tendresse, de soutien, d'intimité et d'amour spirituel. Le fantasme peut être ou non un phénomène volontaire. Il est souvent d'abord involontaire, découlant de tout l'organisme et s'originant dans le besoin de faire rentrer toute expérience dans un cadre d'expérience unique ou *gestalt.* Le fantasme devient volontaire lorsqu'il est accepté et fomenté par le désir. C'est ce qui se passe lorsqu'une personne écrit un roman ou raconte une histoire.

Le fantasme sexuel est toujours involontaire au départ, et n'est que le reflet des niveaux divers du besoin de l'individu. S'il est accepté et augmenté il devient plus ou moins volontaire. Le commandement d'éviter tout désir mauvais, donné par le Christ dans le Sermon sur la Montagne (Mt 5, 28-29), demande que nous ne nous laissions pas volontairement aller en toute connaissance de cause à des désirs sexuels interdits. De tels désirs peuvent venir d'un fantasme sexuel volontairement entretenu. Ici, la signification morale ne vient pas du fantasme lui-même, mais du désir de la personne et des circonstances. Par exemple, il n'est pas moralement mauvais pour un homme marié de fantasmer sur sa relation sexuelle avec sa femme lorsqu'elle est absente.

Les célibataires ont fréquemment des fantasmes sexuels assez importants et sont conscients qu'ils peuvent être dans le péché. Il faut bien ici faire la distinction. Personne n'a beaucoup de contrôle sur la force du fantasme, parce que comme je l'ai dit plus haut, il représente les besoins et les pulsions qui jaillissent dans l'esprit (psyché) et le corps de l'individu. On ne peut pas stopper les marées mais on peut les contrôler.

Dans le cas de fantasmes sexuels forts, il semble tout à fait irréaliste de nier une petite part d'acceptation volontaire de ces fantasmes dans le conscient. Il faut cependant déterminer s'il y a eu une admission volontaire du fantasme ; si oui, l'acte est coupable. Cette admission, pour être coupable ou pécheresse, doit être réfléchie autant que volontaire. La personne doit avoir la présence d'esprit de dire consciemment: « ceci est mal, mais je vais y penser de toute façon. » Si la personne lutte depuis quelque temps contre des pensées et des fantasmes sexuels (et le besoin sexuel apparaît comme le flux et le reflux), cela peut arriver dans un moment de distraction sans une responsabilité totale.

Existe-t-il un procédé empirique facile pour déterminer s'il y a eu consentement moral au fantasme sexuel et au désir interdit ? Il me semble que le meilleur test pratique serait de répondre à ces questions :

1. Ai-je volontairement augmenté ou rajouté au fantasme ?

2. Ai-je répondu à ce fantasme physiquement, soit par éveil sexuel volontaire ou par toute action qui contribue à augmenter le fantasme, c'est-à-dire en regardant volontairement des objets stimulants ?

3. Lorsque j'ai pris conscience de ce que je faisais, ai-je refusé de porter mon attention sur autre chose ?

Si la réponse à toutes ces questions (surtout la dernière) est clairement et sans équivoque *oui*, je penserais alors que la personne est coupable. Même si cette pleine culpabilité peut être réduite par d'autres facteurs liés à la personne ou à la situation. Sans un *oui* à ces questions, je supposerais qu'une personne sincère n'a rien fait qui soit moralement mauvais. Une bonne règle consiste à dire qu'un péché grave ne peut pas être commis par accident. Un péché grave est quelque chose de psychologiquement terrifiant dans la vie d'un chrétien qui lutte.

En d'autres temps ces questions et ces conclusions auraient paru très laxistes et sans garantie. Cependant, nos normes pour juger tout ceci doivent être fondées sur une profonde compréhension du comportement humain. En fait la plupart d'entre nous exercent un contrôle assez faible sur leurs fantasmes. Nous nous en rendons compte lorsque nous essayons de poursuivre une lecture ennuyeuse ou de prier alors que nous sommes distraits.

Supposons que quelqu'un parvienne à un très bon contrôle de ses fantasmes, particulièrement de ses fantasmes sexuels. Ce n'est pas forcément l'équilibre parfait, parce que ce contrôle peut supposer l'usage de la répression, un mécanisme de défense qui enterre inconsciemment les pulsions, les besoins et les désirs spontanés, et déclenche le début d'un fantasme dans l'inconscient. Il est probable que l'on trouvera alors toute une réserve de matériel sexuel réprimé qui peut déclencher une action incontrôlable dans le futur. Les pages de l'histoire sont remplies de tristes exemples des effets de la répression et de la perte de contrôle. La plupart des scientifiques du comportement tiennent pour sûr que la répression est toujours incomplète et inadaptée. La personne réprimée est condamnée à perdre le contrôle dans le futur et à souffrir de conséquences graves dans le présent.

Un contrôle conscient est tout à fait différent d'une répression. Par définition la personne est consciente de détourner ou au moins de ne pas augmenter un fantasme ou un désir. Elle n'essaye pas de stopper la marée, mais simplement de la contrôler, pour ne pas se laisser emporter. Nous verrons plus tard lorsque nous aborderons l'anxiété son étroite relation avec le fantasme, et comment de hauts niveaux d'anxiété peuvent induire des comportements qui conduisent au péché.

2 - Tentation

Lorsque nous parlons du fantasme, nous utilisons le langage de la psychologie. La tentation, par contre, est un terme théologique et peut être définie comme une invitation à faire quelque chose de mal, ou quelque chose qui est en soi bon, mais pas dans les circonstances données. Pour être réelle, la tentation doit répondre à un désir de la part de celui qui est tenté. Il y a beaucoup de choses défendues, comme cambrioler une banque, mais peu d'entre nous ont jamais été tentés de les faire.

J'ai remarqué que lorsque des personnes disent avoir demandé la grâce de la chasteté, elles ont souvent demandé la grâce d'être un ange - grâce qu'elles ne recevront pas. Cela ne signifie pas qu'elles ne veulent pas pécher, mais qu'elles ne veulent pas être tentées.

La tentation s'origine à la fois dans l'esprit - avec les désirs et les besoins dont nous avons parlé - et dans le corps avec ses systèmes qui cherchent une délivrance ou un accomplissement. Les personnes qui ont des motivations religieuses compteront souvent le Prince des Ténèbres parmi leurs sources de tentations, et loin de moi de nier cette possibilité. Cependant, nous avons suffisamment d'équipement - psychologique et biologique - pour faire état de la plupart de nos tentations. Je suppose pour ma part que, lorsqu'une personne raisonnablement mature essaye sérieusement d'être un bon chrétien et subit des tentations sexuelles fortes et écrasantes, il s'agit soit d'une mauvaise gestion de l'environnement qui conduit à une anxiété extrême, soit d'un conflit intérieur qui s'exprime sexuellement.

Est-ce que ceci dispense l'individu de combattre la tentation ou cela l'absout-il de toute responsabilité ? On ne manque pas de livres religieux populaires qui le laissent croire, je le récuse cependant totalement. Mon désaccord s'origine dans la connaissance de la théologie morale catholique et des écrits des maîtres spirituels. Il est encore corroboré par les nombreuses interviews de gens qui ont suivi la voie de la facilité indiquée par ces écrivains populaires et qui se sont trouvés emprisonnés par des habitudes sexuelles, qu'ils savaient d'expérience être mauvaises et nuisibles à leur croissance personnelle et spirituelle. Des tentations puissantes peuvent en fait réduire la responsabilité, et en reconnaissant cela une personne peut se pardonner plus facilement et avancer. De telles tentations ne donnent cependant aucune permission de pécher ou, ce qui est pire, de prétendre que le péché n'est pas péché.

La tentation fait partie de la vie et elle est l'évidence claire et cohérente du mystère du péché originel. Le désir de ne pas être tenté appartient à l'irréel que tant de thérapeutes considèrent comme la racine des problèmes sexuels. La tentation peut être un excellent professeur ; elle peut jouer le rôle de l'adversaire pour un boxeur. Dans toute l'Ecriture Sainte et dans toute l'histoire religieuse, ceux qui ont cherché Dieu ont combattu la tentation, et un certain nombre d'entre eux sont souvent tombés puis se sont repentis. Ce que la tentation nous enseigne de plus important est que nous ne pouvons pas nous sauver nous-mêmes, nous devons nous appuyer sur la puissance de Dieu et sur la grâce salvatrice de Son Fils, ou alors nous serons perdus. Se détourner de Dieu c'est périr ; se tourner vers Lui c'est vivre.

Même si vous suivez les suggestions de ce livre, orientez votre vie d'une manière saine, œuvrez à votre vie spirituelle, et êtes fidèles à la prière et aux sacrements, il peut arriver que vous soyez tentés un jour au-delà de ce que vous imaginiez, ou pensiez pouvoir supporter. A ce moment-là vous apprendrez les effets des dons du Saint-Esprit qui, après votre heure de souffrance intense, vous prendra sur les ailes d'un aigle. Ce n'est qu'alors que vous comprendrez ce que signifie être sauvé. L'heure de l'épreuve peut arriver plusieurs fois. Vous pouvez échouer ou réussir, et elle reviendra encore et encore. Si vous réussissez vous en sortirez grandi, et les autres en recevront des bénédictions que vous ne pouviez pas imaginer dans les heures les plus sombres de la tentation.

La tentation de la tentation

Pour se préparer à l'heure de l'épreuve, il faut surmonter les tentations moins virulentes et moins puissantes. Chaque tentation surmontée fortifie la personne, même s'il y a des échecs a posteriori. La tentation la plus dangereuse pour ceux qui tentent de vivre la chasteté est ce que j'appellerai la « tentation de la tentation ».

L'esprit d'une personne tentée est en état de conflit. Il est douloureux pour l'individu d'être tiraillé dans des directions opposées. Il perd sa paix intérieure, est anxieux du futur immédiat, appréhende le danger spirituel, et est en colère et frustré de vivre un tel conflit. C'est alors que survient la tentation de la tentation : « Oh, allons-y ! Quelle différence cela fera-t-il, une fois de plus. Je serai alors en paix, et je pourrai prier avec repentir. Dieu me sera plus proche, alors qu'Il me semble si loin maintenant. »

S'il est quelque endroit dans la tentation sexuelle où je serais enclin à voir les effets du diabolique, c'est précisément dans ces presque pieuses suggestions. L'antidote à cette séduction est de se souvenir que toute tentation surmontée est un grand acte d'adoration de Dieu. Faire face à une tentation et ne pas chercher la voix de la facilité pour en sortir est une façon forte de reconnaître la souveraineté de Dieu et du Christ, notre législateur et notre roi. Résister à la tentation signifie chercher d'abord le Royaume de Dieu. Même si l'on rechute plus tard, on a accompli là un acte d'adoration obéissante qui ne sera pas effacé.

3 - Anxiété

L'anxiété qui commence dans le corps et dans l'esprit de l'individu génère une appréhension du danger et une destruction. Elle peut provoquer une distorsion de la force vitale qui nous tient en vie. Pour vivre et grandir, nous devons combattre pour aller au-delà de nos peurs et de nos limites apparentes. Quand cette impulsion à combattre et à avancer est bloquée par la peur et l'appréhension, le résultat est une anxiété névrotique. Un niveau raisonnable d'anxiété normale est souvent nécessaire pour une action concentrée et évite les distractions. Comme l'a dit une fois Samuel Johnson, rien ne peut mieux concentrer notre attention que de savoir que nous serons pendus jeudi prochain. Les gens sérieux, comme ceux qui lisent des livres sur la chasteté, ont souvent des excès d'anxiété. Le soin pressant quotidien de saint Paul pour toutes les Églises peut être un exemple. Malgré les admonitions fréquentes de notre Sauveur à ne pas nous inquiéter, nous aimons nous inquiéter, et lorsque nous nous inquiétons, nous ouvrons les réservoirs d'anxiété au plus profond de nous-mêmes. Etre un disciple vous rend anxieux, vous ne pouvez pas en blâmer le maître.

Maintenant, n'ayez aucun regret. Si vous décidiez de tout jeter par-dessus bord et d'être un pécheur, vous seriez exactement aussi anxieux que vous l'êtes et vous auriez l'anxiété supplémentaire d'être détourné de Dieu. J'ai remarqué que les chrétiens qui abandonnaient leur foi et prenaient le raccourci de la chair sont invariablement de piètres pécheurs. Au lieu de profiter jusqu'à l'extrême des plaisirs éphémères du monde, ils passent le plus clair de leur temps à essayer avec acharnement d'en entraîner d'autres à leur suite. Comme Don Quichotte, ils finissent par lutter avec des clochers au lieu de moulins à vent. Les ex-chrétiens sont en fait des pécheurs peu convaincants, comme nous le voyons dans la vie trouble de James Joyce, ou dans celle de Audrey Beardsley, l'artiste de l'obscène qui s'est anxieusement tournée vers Dieu au moment de recevoir les derniers sacrements de l'Eglise.

L'anxiété ne vient pas du fait d'être croyant ou d'essayer d'être un disciple, mais elle interfère avec la résistance que le croyant oppose à la tentation et l'acceptation de la volonté de Dieu. Les suggestions suivantes voudraient aider ceux qui sont dans un état de tentation anxieuse. Elles émanent de personnes diverses que j'ai rencontrées et qui sont devenues expertes pour surmonter la tentation.

1. Se calmer et reconnaître consciemment (dites-le vous même) que vous êtes sérieusement tenté et qu'il vous faut prendre des mesures. Un tour du pâté de maison, un temps de calme dans une église ou dans votre chambre vous fera le plus grand bien.

2. Demandez-vous quelles sont les sources de cette tentation particulière. Les points abordés dans les chapitres précédents peuvent vous donner quelques clés.

Y-a-t-il des raisons particulières de vous sentir anxieux, déprimé, seul, etc. ? Avez-vous essayé d'y remédier ? Que vous faut-il faire maintenant ?

3. Appelez doucement Dieu pour qu'Il vous donne la paix intérieure et posez un acte de confiance en Lui.

4. Faites autre chose. La tentation ne peut pas survenir lorsque l'on est occupé ; il vous faut donc sortir de la scène actuelle aussi radicalement que vous le pouvez. Appelez un ami, allez au cinéma, impliquez-vous dans les problèmes de quelqu'un d'autre. Appeler la police ou frapper quelqu'un serait peut-être excessif, mais il vous faut une activité qui casse le schéma de votre situation actuelle. C'est étonnant comme peu de gens sont tentés pendant une alerte au feu.

4 - Les chutes

Quelqu'un qui est psychologiquement faible, ou qui n'a pas une vie très ordonnée, ou qui se débat toujours avec une obsession dont il essaye de venir à bout, est plus disposé à chuter. Il faut environ trois mois pour réduire la force de l'habitude. Pour beaucoup, ces trois mois d'abstinence sont difficiles. Lorsque l'on cherche à surmonter une obsession sexuelle, tout comportement sexuel volontaire interdit, y compris l'auto-érotisme, aura tendance à renforcer l'obsession d'origine. Trois mois, c'est-à-dire trois mois de chasteté.

Une chute, ou la possibilité d'une chute, fait donc partie du combat pour ceux qui veulent vivre la chasteté. L'un des plus grands dons du Christ à ses enfants est de leur apprendre que le pardon est aussi proche qu'une prière ou une bonne résolution. Le sacrement de réconciliation, avec l'expérience thérapeutique très valable de la confession verbale, est un des signes les plus puissants du pardon du Christ. La prière de la contrition parfaite, c'est-à-dire du regret d'avoir blessé l'amour de Dieu, associée à la résolution d'essayer de ne plus pécher, est aussi un outil très efficace dans la vie spirituelle. Cette prière peut être dite souvent et devrait aboutir à la célébration du sacrement. Il est dangereux et malavisé de reporter l'acte de contrition.

Paradoxalement ceux qui essayent de vivre la chasteté peuvent d'un côté faire cette contrition, et pourtant continuer à commettre des actes de péché. Ils souhaiteraient que cela ne leur soit pas arrivé. Cette confusion est un signe d'obsession. Dès qu'une personne qui a chuté a retrouvé son équilibre, la prochaine étape est la prière. Plus la prière sera confiante et aimante, plus elle calmera efficacement l'individu. Les mots du Christ à saint Pierre peuvent être très significatifs : *« Simon, Simon, voici que Satan vous a réclamés pour vous cribler comme le froment ; mais moi j'ai prié pour toi afin que ta foi ne défaille pas. Toi donc, quand tu seras revenu, affermis tes frères. »* (Luc 22, 31-32)

Les chutes appellent la contrition et la contrition donne un plus grand amour de Dieu. Si quelqu'un connaît des tentations et des chutes (aussi tragiques qu'elles puissent être) elles peuvent devenir, par la prière et la confession, une source puissante de repentance.

5 - Contrition et culpabilité

En cherchant à mettre les chutes au service de la chasteté, il est très important que la contrition ne soit pas simplement l'expression d'une culpabilité névrotique. La citation suivante de Meister Eckhart, le mystique allemand du treizième siècle, nous donne un aperçu psychologique important de la différence entre la culpabilité névrotique et la contrition parfaite :

…entance est de deux sortes : l'une est du monde et des sens, l'autre est divine et supranaturelle. La repentance du monde amène toujours un chagrin plus grand et plonge l'homme dans les lamentations, comme s'il lui fallait maintenant désespérer ; la repentance reste alors dans son chagrin et ne peut faire aucun progrès ; il n'en sort rien.

Mais la repentance divine est toute autre. Lorsqu'un homme a atteint l'aversion de lui-même, c'est alors qu'il s'élève vers Dieu, et se détermine à tourner le dos au péché éternellement dans une volonté inamovible ; il s'élève alors dans une grande confiance en Dieu, et trouve la sécurité. De là découle une joie spirituelle qui dégage l'âme de toute lamentation et de tout chagrin, et lui donne toute sécurité en Dieu. Plus un homme se sent faible et plus grands ont été ses crimes, plus il a de raison de s'attacher à Dieu avec un amour indivis dans lequel il n'y a ni péché ni faiblesse. Ainsi le meilleur chemin que puisse emprunter un homme lorsqu'il veut aller à Dieu en toute dévotion est de rester sans péché renforcé par une repentance divine. Plus les péchés pèsent lourd dans le cœur de l'homme, et plus Dieu est prêt à lui pardonner, et à venir habiter son âme pour en enlever le péché. Tout homme fait son possible pour se débarrasser de ce qui l'ennuie. Plus les péchés sont grands et nombreux, plus Dieu est joyeux et prêt à les pardonner parce qu'ils l'ennuient. Et ensuite, quand la repentance s'élève vers Dieu, les péchés s'évanouissent dans l'abîme de Dieu, en moins de temps qu'il ne m'en faut pour fermer les yeux, et ils sont anéantis, comme s'ils n'avaient jamais existé, si la repentance est parfaite.[1]

Les rêves

La compréhension et l'usage des rêves peuvent être très importants dans une vie de chasteté. Les rêves sont des

---

1 *Meister Eckhart,* 1982, pp. 262-263.

expériences qui permettent à l'inconscient d'atteindre la surface de l'esprit ; ils laissent également libre cours à certaines expressions involontaires de nature sexuelle, pendant le sommeil. La première rencontre avec la sexualité se fait très souvent au cours d'un rêve pendant la période de pré-puberté. Pour quelqu'un qui a décidé assez tôt de rester chaste, les rêves sont une occasion importante de maturation psychologique. Ceci parce que le rêve peut symboliquement introduire dans l'esprit et dans la mémoire de la personne des niveaux de développement dont elle n'avait pas conscience auparavant. C'est sans doute pour les célibataires « en maturation » que les rêves sont les plus importants. Les théories psychologiques contemporaines sur la conscience pensent que les rêves s'originent dans les traces de mémoire, gabarits et unités mémoire qui se tissent dans des expériences assimilées à la perception pendant le sommeil ou le demi-sommeil (nous disons « assimilées à la perception » parce que les rêves ne sont pas des perceptions réelles). A cet égard les rêves s'apparentent aux hallucinations. L'esprit a tendance à tisser des cordons de pensée ou de mémoire dans un seul champ cohérent ou *gestalt.* Lorsque cela arrive, un rêve aura une séquence et des parties cohérentes, bien que ceux-ci ne seront pas contrôlés par la raison ou par notre connaissance de la réalité objective, mais par des impulsions inconscientes.[1] C'est pour cette raison que les rêves peuvent souvent faire ressortir de façon symbolique, non seulement

---

[1] L.J. West, « Théorie générale des hallucinations et des rêves » dans *Hallucinations,* ed. L.J. West. New York Grune & Stratton, 1962. Pour une appréhension plus populaire des rêves et de leur lien avec la vie spirituelle, cf. Morton Kelsey, *God, Dreams and Revelation.* Minneapolis Augsburg Publishing House, 1974 (édité à l'origine sous le titre *Dreams : the Dark Speech of the Spirit.* Garden City : Doubleday 1968) chapitre 9.

des soucis et des mémoires conscientes, mais aussi des besoins et des désirs refoulés (et inconscients).

Lorsqu'une personne s'est volontairement empêchée d'exprimer tout besoin sexuel ou même de fouiller dans ces besoins afin d'éviter tout appel sexuel conscient en état d'éveil, il est logique que cet appel, ces besoins et ces désirs qui le provoquent s'expriment pendant le sommeil. Puisqu'il semble que la plupart des rêves surviennent pendant le sommeil léger, il est tout à fait possible de s'en souvenir clairement. Plus le rêve est compliqué, plus il paraît représenter des besoins, des intérêts et même des conflits que la personne connaît dans la vie consciente. Pendant le demi-sommeil peut survenir une hallucination hypnagogique - expérience ressemblant beaucoup à un rêve dans la mesure où elle n'est pas sous le contrôle volontaire de l'individu. A l'inverse d'autres hallucinations, elles ne sont pas liées à une maladie mentale ou à l'usage de médicaments hallucinogènes. Il me semble quant à moi que ceux qui font des rêves sexuels ou qui ont des fantasmes lorsqu'ils sont en demi-sommeil, ou qui connaissent une hallucination forte non psychotique, doivent avoir une certaine dose de culpabilité. L'expérience est si forte qu'ils se sentent responsables. Je voudrais faire l'impossible pour mettre fin à cette illusion, qui est selon moi cause de découragement et de culpabilité névrotique pour bon nombre de chrétiens sincères. La culpabilité en retour peut s'exprimer dans des comportements conscients interdits. Pascal avertissait les spirituels qu'en essayant d'être des anges, ils pouvaient devenir des bêtes.

Puisque les rêves ou similaires n'ont pas de conséquences morales, ils peuvent servir à soulager beaucoup de tension sexuelle, et aussi à réduire les pulsions biologiques après le sommeil. Je crois qu'il nous faut bien comprendre les rêves. Ceci est particulièrement vrai pour ceux qui essayent de vivre un célibat chaste. On pourrait presque dire avec un peu d'ironie que les rêves sexuels sont un accessoire de la chasteté, puisqu'ils surviennent surtout lorsque la vie consciente de l'individu connaît un certain laxisme sexuel.

Dans le passé, lorsque les rêves n'étaient pas compris, les personnes pieuses allaient jusqu'à essayer d'empêcher les rêves sexuels : elles dormaient sur des planches ou sur des couchettes étroites, se plongeaient dans des courants froids, et aspergeaient leur lit d'eau bénite avant de se coucher. Tout cela risquait bien d'avoir l'effet inverse.

Les thérapeutes ont découvert que si une personne suggère consciemment qu'elle rêve, elle rêvera alors beaucoup plus souvent et se souviendra mieux de ses rêves. Nous pouvons donc nous suggérer à nous-mêmes de rêver et si le rêve nous réveille, nous rendormir. Nous pouvons aussi nous suggérer de nous réveiller à une heure dite, ou dès que nous entendons le moindre bruit. Cela marche souvent sans réveil. Nous pouvons également nous suggérer de ne pas nous réveiller, si nous savons que quelqu'un quitte la maison de bonne heure.

Je recommanderai à ceux qui craignent un rêve sexuel, parce qu'ils ont été beaucoup tentés pendant la journée ou ont eu beaucoup de fantasmes, de suggérer à leur psychisme de continuer à dormir ou de se rendormir si quelque appel ou pulsion sexuels surviennent. Toute autre attitude pourrait être une rébellion de puritanisme contre les lois de la nature au nom de l'angélisme. Nous avons déjà vu que Dieu ne s'est pas montré très coopératif avec ceux qui ont essayé de devenir des anges. D'autre part, une attitude trop permissive avec nos rêves peut masquer une certaine complaisance envers un éveil sexuel volontaire. Le conseil d'un confesseur avisé est alors nécessaire.

Le contenu des rêves peut souvent donner une bonne occasion d'introspection. Le secret est de chercher la signification de ce qui se cache derrière le symbolisme du rêve. Par exemple, les rêves sexuels indiquent souvent un fort désir d'aimer et d'être aimé en retour. Une personne peut être surprise par le symbolisme sexuel, mais admettre tout à fait qu'elle puisse désirer être aimée. La présence de forts désirs sexuels dans les rêves dénote également une répression importante et qui risque fort de se poursuivre. L'analyse des rêves est une étude complexe et nécessite une grande pratique, mais une personne sensée peut regarder un peu dans son subconscient. Il est essentiel pour faire cela d'aller au-delà du symbolisme du rêve qui est généralement fourni par la mémoire de fantasmes conscients qui surviennent en état de veille.

6 - *Faire face au succès*

Le célibataire chaste ne doit pas faire face qu'à ses échecs mais aussi à ses succès. Quelques-uns réussissent depuis plusieurs années à rester chastes, ou même depuis toujours. D'autres n'ont persévéré que peu de temps dans la chasteté. Le grand danger du succès dans la pratique d'une vertu est l'orgueil - croire que l'on a réussi tout seul avec juste « une petite aide d'en haut ». Même si cette attitude ne conduit pas à une chute sur le plan sexuel, elle ne renforce pas notre perception de la réalité spirituelle du salut.

Le succès peut aussi rendre une personne moins prudente, et cela de deux façons. Si l'on est enclin au puritanisme le succès nous donnera des idées puritaines encore plus rigides, puisque cela semble bien marcher. Si l'individu n'a pas veillé à avoir un style de vie sain, il sera encore moins vigilant avec le succès. D'autre part, si l'on s'est montré plutôt libéral dans l'expression de nos affections et si l'on a noué des relations peu avisées, on pourra alors poursuivre sur la même route jusqu'à la chute grave. Le succès peut facilement devenir un danger.

Malgré les avis de prudence et les pièges, à la fois évidents et subtils, le but que nous nous sommes fixé dans ce livre est de parvenir à la chasteté. Avec la grâce et la bonne volonté, ce but sera atteint tôt ou tard. Invariablement le fait d'y parvenir apporte un profond sens de l'humilité, et la conscience de transporter notre trésor dans des vaisseaux d'argile. Le succès à maintenir ou à atteindre la chasteté sans recours à la répression est presque toujours accompagné d'une compréhension grandissante, et d'une compassion pour ceux qui de toute évidence ont de grandes difficultés dans leur vie sexuelle.

Lorsque les efforts d'une personne pour être chaste se réalisent de façon continue, quelque chose de beaucoup plus beau se passe - quelque chose qui doit être expérimenté pour être apprécié. Ce n'est pas seulement un sens de l'accompli, mais une conscience grandissante de la présence du Christ et d'une intimité de l'âme avec Lui. Comme le dit l'hymne de saint Bernard, *Jesu Dulcis Memoria,* seul celui qui l'a vécu peut le croire.

J'ai de nouveau recours à saint Augustin, pour trouver une expression adaptée de cette expérience du Christ. Sa prière d'action de grâce après sa conversion est remplie d'un sens exaltant de la présence spirituelle du Christ.

> Mon Dieu je suis votre serviteur ; je suis votre serviteur et le fils de votre servante : c'est vous qui avez rompu mes liens ; et je vous en dois offrir un sacrifice de louange. Que mon cœur et que ma langue vous louent, et que toutes les puissances de mon âme vous disent : « Seigneur, qui est semblable à vous ? » Qu'ils vous le disent. Et vous Seigneur, répondez s'il vous plaît, en disant à mon âme : « je suis ton Sauveur. » Qui étais-je hélas ! Et quel étais-je ? Quel mal ne voyez-vous point dans mes actions ? Ou si ce n'est dans mes actions, dans mes paroles ? Ou si ce n'est dans mes paroles, dans mes désirs et dans mes

pensées ? Mais vous Seigneur, dont la miséricorde et la bonté n'ont point de bornes, vous avez regardé avec des yeux de compassion ce gouffre de mort dans lequel je m'étais plongé si profondément, et votre main toute-puissante a fait sortir du fond de mon cœur un abîme de corruption. Et ce changement merveilleux que vous fîtes en moi ne consistait en autre chose qu'à faire que je ne voulusse plus ce que je voulais auparavant, et que je voulusse ce que vous vouliez.

Où était donc durant tout ce temps mon libre arbitre ? Et de quel endroit secret et caché a-t-il été rappelé en un moment pour faire, ô mon Jésus, qui êtes mon refuge et mon rédempteur, que je baissasse la tête sous votre joug si aimable, et les épaules sous le fardeau si léger de votre loi ? Combien tout à coup trouvai-je de douceur et de plaisir à renoncer aux plaisirs des vains amusements du monde, et combien ressentais-je de joie à quitter ce que j'avais tant d'appréhension à perdre ! Car vous qui êtes le seul vrai et souverain plaisir capable de remplir une âme, vous rejetiez loin de moi tous ces faux plaisirs ; et en même temps vous entriez en leur place, vous qui êtes plus doux et plus agréable que toute les voluptés, mais non à la chair et au sang ; qui êtes plus éclatant qu'aucune lumière, mais plus caché que ne sont les secrets les plus cachés ; et qui êtes plus élevé que tous les honneurs, mais non aux yeux de ceux qui s'élèvent en eux-mêmes. Mon esprit était déjà délivré des cuisants soucis que donnent l'ambition, l'amour du bien, et le désir de se plonger dans la fange des voluptés infâmes et criminelles : et je commençais à ressentir la douceur de m'entretenir avec vous, mon Dieu, qui êtes toute ma lumière, toutes mes richesses et tout mon salut.

CHAPITRE IV

CHASTETÉ ET SPIRITUALITÉ

Pour beaucoup de religions du monde et bien avant l'enseignement de l'Evangile, le célibat chaste et la discipline de chasteté dans le mariage étaient liés à la spiritualité. En Orient les moines et les nonnes ont observé un célibat religieux bien avant l'ère chrétienne. Dans certaines religions, même les personnes mariées sont censées observer une abstinence sexuelle à certains moments saints, particulièrement pendant les périodes d'initiation religieuse. Aujourd'hui encore, les bouddhistes mariés peuvent devenir moines pour quelques mois. La raison de cette discipline peut être plus anthropologique que spirituelle, mais il reste vrai que l'on a historiquement associé l'abstinence sexuelle avec la recherche de Dieu.

Dans le monde chrétien, l'idée d'une vie de chasteté dans le célibat vient des évangiles et des écrits de saint Paul. Le concept était partie intégrante de l'Eglise primitive, même avant l'établissement des premières communautés monastiques, à la fin des persécutions. Malgré la longue tradition chrétienne du célibat, un individu qui se trouve confronté à cet avenir de célibataire et de chasteté peut ne pas réaliser immédiatement les implications de sa situation en termes de voyage spirituel vers Dieu. L'opportunité d'un célibat chaste peut venir d'un appel à un engagement apostolique ou d'un mariage qui se termine par un divorce. Plus d'un pénitent - comme sainte Margaret de Cortona - est arrivé à la chasteté après avoir été l'amant de quelqu'un. Quelque soit le moment où l'on entre dans cette vie de célibat, ce peut être une grande aide pour trouver Dieu. Il peut être intéressant d'étudier la relation entre le combat pour la chasteté et la recherche de Dieu.

1 - Service

En 1980, le Pape Jean Paul II dans sa lettre du Jeudi Saint adressée aux évêques et aux prêtres, offrait le célibat comme une imitation du Christ le Bon Berger qui s'épuise lui-même pour son troupeau. Le Saint Père suggérait que le célibat donnait aux prêtres une plus grande disponibilité pour servir les autres. Si nous appliquons ces mots à tout chrétien célibataire en les unissant à cet engagement des disciples du Christ de servir généreusement les autres et de rester ouverts aux occasions de charité et d'amour, nous comprendrons alors comment le célibat peut faire partie de la vocation de tout chrétien non marié.

Je ne cherche pas à nier que le mariage chrétien offre aussi l'occasion d'être ouverts et généreux. Mais le chrétien célibataire, qu'il soit laïc ou religieux, est appelé d'une manière toute spéciale à être frère ou sœur des autres, un ami généreux et une aide bienveillante en cas de besoin. Dans le passé beaucoup de célibataires ont agi ainsi, sans reconnaître forcément qu'il s'agissait là d'un service chrétien particulier lié à leur vocation. Ce service est plus apte à être reconnu comme faisant partie de la vocation d'un prêtre ou d'un religieux, mais cela ne le rend pas plus aisé.

2 - La vie de prière

Il y a quelques années une femme m'appelait pour un rendez-vous. Je lui répondis que je ne recevais que les religieux parce que le temps dont je disposais me limitait à cette responsabilité, mais elle insista. C'était une personne professionnellement très intelligente et elle me demandait de lui apprendre à prier. Comme je lui répétais ma politique de ne recevoir que des religieux, elle me dit: « je savais que vous ne pourriez pas m'aider. J'ai entendu dire que vous étiez anti-gay. » Je lui répliquai que ce qu'elle avait entendu était faux si elle pensait que j'étais contre les 'gay', mais si elle avait entendu que j'étais contre un comportement génital homosexuel, alors elle avait raison.

Malgré ce malentendu elle me mit au défi de l'aider et j'acceptai de la rencontrer quelques fois dans l'année pour discuter de la prière. Je n'ai jamais reparlé de sa déclaration sur l'homosexualité. A la fin de ces rencontres, elle me fit part de sa décision de vivre la chasteté et elle se préparait à faire vœu de chasteté comme membre d'une communauté laïque. Elle me demanda d'assister à la cérémonie. J'étais étonné. Elle m'expliqua que la prière lui était devenue si importante que son style de vie préalable lui paraissait détestable. Elle avait trouvé Dieu et la paix dans la prière, disait-elle, et ne voulait absolument pas mettre en danger son nouveau bonheur en retrouvant sa vie de plaisirs sensuels. Elle n'était pas sûre qu'une vie de prière fût la réponse pour d'autres dans sa situation mais elle était sûre que c'était la réponse pour elle.

Une vie de prière est un engagement sérieux. Cela signifie déjà une fidélité à la méditation et à la prière vocale, mais le temps passant cela conduit à une purification intérieure et une écoute plus intense des mouvements de l'Esprit Saint. Il faut une certaine discipline pour démarrer. Cette discipline et le désir d'une plus grande croissance spirituelle peuvent coexister avec de graves chutes morales uniquement pendant les périodes de combat. Après un certain temps une personne qui ne vit pas une certaine correspondance morale avec ce que l'on trouve dans les évangiles et les écrits des saints, se lassera de la prière et abandonnera toute recherche de Dieu.

D'autre part, celui qui prend à cœur cette parole : *« Si vous m'aimez, gardez mes commandements »* (Jn 14, 15), commencera à grandir dans la prière, même s'il y a des chutes que l'on regrette profondément. Ce chemin demande et à la fois provoque une foi et une confiance en Dieu grandissantes. Ce qui, en retour, transporte l'individu au-delà des formes élémentaires de prière. Une personne qui progresse peut expérimenter la méditation contemplative. Ceci est plus un don qu'un but, et demande une grande paix intérieure ainsi qu'une capacité à faire taire les tendances tumultueuses de la chair. Au fur et à mesure de l'avancement spirituel s'impose la chasteté, ainsi que le rejet de tout péché délibéré. La prière devient alors une perle de grand prix et le trésor caché dans le champ. La prière chrétienne arrivée à maturité est la réalisation psychologique profonde du royaume de Dieu en nous.[1]

[1] Dr. Morton Kelsey et John Sanford ont fait quelques recherches très intéressantes sur l'idée du royaume de Dieu en nous, et son usage chez les pères de l'Eglise, se basant sur Luc 17, 21. Cf. Morton Kelsey, *Companions of the Inner Way*. p. 48.

Dans mon livre *Listening at prayer*[1], je mentionne que les écrivains spirituels catholiques ont toujours considéré la dévotion personnelle à Jésus-Christ comme une aide pour grandir dans la vertu. La dévotion est naturellement centrée sur la présence eucharistique du Christ de la manière la plus positive. Ma propre expérience m'a prouvé la nécessité d'une telle dévotion pour rester chaste. Peu importe l'étape où l'on se trouve sur le chemin spirituel, cette dévotion est à la fois pertinente et guérissante (pour la plupart des catholiques, on peut en dire autant de la dévotion à Notre-Dame.)

Il y a quelques années, un très bon pasteur protestant est venu me voir, pour un problème de contacts homosexuels anonymes. Il était marié et avait un famille qu'il chérissait. Il s'était trouvé confronté à ce problème de comportement homosexuel vers ses trente ans, et en était profondément troublé. Non seulement c'était un péché, mais il était terrifié à l'idée d'infecter sa femme de quelque maladie. Il avait prié, jeûné et fait une retraite. Après quelques rencontres, je lui fis savoir qu'un certain nombre de catholiques avaient trouvé un grand soutien spirituel dans une heure de prière quotidienne devant le Saint-Sacrement. Il était intrigué par l'idée de ce temps passé avec le Christ et commença à l'introduire dans sa vie. Il y trouva non seulement la force de lutter contre la tentation, mais aussi ce profond sentiment de culpabilité commença à se dissiper. De plus en plus il acceptait personnellement l'amour du Christ pour lui. Bien qu'ayant déjà connu l'expérience adulte d'une seconde conversion ou d'une seconde naissance, il découvrait désormais une nouvelle conscience amoureuse du Christ comme son Sauveur.

---

[1] N.D.T. : *A l'écoute de la prière*

La paix intérieure

La plupart de ceux qui ont combattu pour parvenir à la chasteté après une période de plaisirs sensuels témoignent d'une expérience remarquable de paix intérieure. Le combat peut faire connaître un conflit craintif, mais si l'individu persévère dans la chasteté pendant plusieurs mois ou même un an, il expérimentera un sens de l'intégrité presque spontané. Cette personne n'est plus en guerre avec elle-même, pour reprendre une image puissante de saint Augustin, ne souffre plus d'une anxiété rongeante à la recherche d'un plaisir sexuel, et n'égratigne plus la croûte de la convoitise.[1]

Les gens observent également une plus grande ouverture aux autres et une moindre appréhension à être manipulé. Une personne qui enseigne ou prêche le message du Christ le fera avec un enthousiasme et une conviction nouvelle. L'histoire de l'Eglise contient des histoires de prêtres ou de religieux qui avaient réformé leur vies dissolues ou tièdes pour devenir les plus fervents apôtres du Christ. Bien que cela ne soit pas dit, il me semble que c'est la réforme de leur vie sexuelle qui leur a donné l'énergie et la claire vision pour travailler, comme jamais auparavant.

Il est important de mentionner ici que nous ne parlons pas seulement de la sublimation de l'énergie sexuelle : la sublimation est un procédé (parfois conscient mais souvent inconscient) dans lequel une personne tourne l'énergie et le besoin d'un objet vers un autre qui semble plus acceptable ou plus noble. En fait, beaucoup d'énergie sexuelle peut être sublimée dans le célibat. Ceci est vrai même pour l'énergie physique que demande l'acte sexuel. Mais la sublimation dans le sens dans lequel Jung utilise le terme consiste à diriger son énergie vers des buts et des aspirations qui ne sont

[1] *Confessions*, IX, I.

pas des créations de l'esprit, mais des réalités qui forment les fonctions intégratives les plus élevées de la nature humaine. Il est clair qu'une vie chaste devrait être sublimée dans ce sens.

La paix intérieure apportée par une vie chaste chez une personne normalement équilibrée est le résultat d'une réelle et grandissante intégration. L'unité se fait entre l'énergie vitale de tout notre être et nos croyances, l'appréciation cognitive des exigences morales de la foi, les expériences religieuses profondément ressenties, le désir d'une expérience mystique de la grâce et des dons du Saint-Esprit.

La chasteté à maturation basée sur une compréhension et une acceptation de notre humanité et enracinée dans la confiance en Dieu est une force vitale qui a accompli un bien caché dans l'histoire de l'humanité. Elle a construit des monastères de l'Europe au Tibet ; elle a ouvert et peuplé quantité d'hôpitaux, d'orphelinats, et d'écoles ; elle a porté l'Evangile aux fins fonds du monde. Ceux qui dénigrent la chasteté à motivation religieuse affichent une ignorance impardonnable de la dynamique de l'histoire du monde, comme le souligne Christopher Dawson dans son livre portant ce nom.[1] Erikson que nous avons déjà cité a reconnu que le célibat religieux était une forme de productivité opérant au plus haut niveau de développement humain. Il en arrive au même point que Dawson mais d'un point de vue psychologique du développement. Le pouvoir de la chasteté religieuse à faire le bien n'est pas une abstraction dans l'histoire. Elle est la confluence des énergies et de la paix de beaucoup de vies individuelles. Et votre vie, cher lecteur, peut

---

[1] *The Dynamics of World History,* Ed. J.J. Mulloy. New York : Sheed & Ward, 1956. Cf. pp. 167-188.

celles-là. Si vous êtes chaste, votre vie peut vous te grande paix.[1]

Au cours de ces dernières années beaucoup de personnes ont été aidées dans leur chemin spirituel par une forme de prière que l'on appelle la guérison de la mémoire.[2] Cette forme de prière est conseillée pour aider un individu à se libérer des effets de conflits, blessures et fautes du passé. La mémoire emmagasine les blessures et les projette à l'esprit sous forme de ressentiment, colère et haine de soi-même.

Dans cette prière, la personne revit délibérément des événements et offre son pardon à d'autres ou à elle-même. Plus l'on revit l'événement en profondeur, plus le pardon offert sera sincère et la prière couronnée de succès. Bien sûr la motivation consciente du pardon est la croyance de chacun en une miséricorde divine et en l'amour miséricordieux du Christ.

Il vaut mieux faire cette méditation avec quelqu'un d'autre qui assiste à l'examen du passé. La guérison de la mémoire va au-delà de nos propres péchés ou fautes ; elle inclut la

---

1 Lorsque ces disciplines sont observées, le mariage apporte une paix similaire. C'est une intégration sexuelle atteinte avec une autre personne. En suivant l'enseignement catholique, je maintiens qu'il n'y a pas d'autre choix de vie dans lequel les relations génitales soient moralement acceptables. En conséquence aucune intégration morale n'est possible. Que dire de ceux qui prétendent avoir trouvé la paix dans des relations sexuelles en-dehors du mariage ? Il faut distinguer la paix intérieure de l'homéostasie, qui est l'équilibre psychologique entre la pulsion et la satisfaction. Les êtres humains tout comme les animaux expérimentent l'homéostasie. Il est possible qu'une personne qui va à l'encontre de la loi morale, expérimente l'homéostasie et la confonde avec une paix intérieure pour un temps.

2 Ceux qui seraient intéressés par cette forme de prière puissante pourront être aidés par le livre *La guérison des souvenirs* par Dennis et Matthew Linn s.j. Éditions DDB.

mémoire des torts faits à soi-même et le ressentiment qui en découle.

Peu de domaines dans la vie humaine laissent l'individu plus vulnérable que la sexualité. La colère envers les parents, la famille, les amis, le monde et même Dieu, vient d'expériences sexuelles, ou d'un manque sexuel. Le pardon et la foi profondément vécus peuvent être des thérapeutiques à la fois psychologiques et spirituelles.

3 - L'amour des autres

L'amour est un terme ambigu, qui est utilisé pour décrire beaucoup de choses : la dépendance d'un enfant à ses parents, l'engouement sexuel d'une jeune personne, le besoin d'un parent de posséder un enfant et de ne pas le laisser grandir, une force qui pousse quelqu'un au sacrifice pour sa famille et ses amis, ou l'extase d'un amour mystique pour Dieu. De nos jours où le mot amour est associé presqu'exclusivement à la sexualité qui en retour est identifiée à une récréation, l'amour n'est pas censé faire partie de la vie d'un célibataire. Et pourtant on attend toujours d'une personne religieuse qu'elle soit compatissante, mais pas vraiment aimante d'une manière personnelle et chaleureuse.

Il peut paraître surprenant que saint Augustin, dont nous avons déjà décrit le grand combat avec les tentations sexuelles dans les précédents chapitres, ait par la suite développé toute une théologie de l'amitié et de l'amour. Pour lui, l'amitié avec les autres et avec Dieu est presque la même chose. Dans *Les Confessions* il a décrit avec tant de beauté ses amitiés chaleureuses après sa conversion, lorsque la chasteté n'était plus pour lui un obstacle à l'amour.

On cite souvent mal à propos des passages sur le mariage, pour montrer qu'il lui manquait l'appréciation d'un amour marital. Et pourtant parmi les pères de l'Eglise de ce temps-là, saint Augustin était celui qui avait la vision la plus positive du mariage. Ses critiques ignorent le fait que parmi la haute société de l'Empire Romain dans le monde ancien, le lien entre les émotions tendres et le mariage ne faisait pas partie de la vie comme de nos jours. Saint Augustin voyait la moitié de la vocation chrétienne dans l'amour et les amitiés humaines ; l'autre moitié était l'amitié avec Dieu à travers le Christ, son Fils Bien-Aimé.

Saint Augustin écrit : « Aimez-vous les autres ? Alors aimez-les en Dieu et dites-leur : Lui nous fait aimer ». Son profond chagrin à la mort de sa mère et sa tristesse pour son ami Nebridius, illuminent le sentiment puissant d'un homme dont la capacité à aimer n'a jamais été amoindrie par la chasteté.[1] Une vie chaste ouvrira petit-à-petit une personne à une plus grande compréhension et acceptation des autres, particulièrement pour ceux qui sont en conflit ou troublés par leur propre sexualité. Une personne parvenue à une chasteté mûre n'est pas menacée par les problèmes sexuels des autres ; elle peut être objective sans être scandalisée.

Une personne chaste vivra un détachement progressif du narcissisme et de la recherche de soi-même qui sont si facilement confortés par les plaisirs sensuels.

Une personne seule qui a trouvé la paix devrait avoir de l'amour à partager et à donner. Nous avons déjà vu l'importance de la générosité dans la vie des personnes seules laïques ou religieuses. Les amitiés amoureuses avec ses pairs, avec les jeunes ou les moins jeunes, ne sont pas une corvée pour le célibataire mur ; elles se développent spontanément. Le plus grand don de la vie de chasteté basée sur l'amour est

[1] T.J. Van Bavel, O.S.A., *Christians in the World.* New York : Catholic Book Publishing Co. 1980, p. 31. Tout le chapitre sur l'amitié peut être lu avec profit.

peut-être le pardon envers ceux qui sont jaloux de la liberté et de la spontanéité qu'apportent la chasteté. Les personnes qui n'ont pas réussi à prendre la décision d'être chaste, soit dans le mariage, soit dans le célibat, seront instinctivement jaloux de la liberté et de la paix d'une personne chaste. Ils passeront beaucoup de temps à le prendre à part, essayant de trouver le défaut de sa cuirasse. Tôt ou tard, la personne chaste aura acquis une confiance suffisante pour dépasser ces conflits.

4 - L'amour de Dieu

Lorsque nous nous débattons dans la vie pour devenir des disciples du Christ, nous réalisons qu'en fait, ce n'est pas nous qui avons aimé Dieu le premier ; c'est Lui qùi nous a aimés d'abord. La chasteté dans le mariage ou dans le célibat est l'un des nombreux combats spirituels qui révèle l'amour personnel du Christ pour l'être humain. La patience et le pardon s'enracinent dans un long combat pour la chasteté. Devenant de plus en plus chaste, nous arrivons à reconnaître le Christ comme la source de délices spirituels qui captivent notre cœur, notre esprit, notre âme et notre pensée.

Il est important de noter que la liberté de pensée et de sentiment que découvre la personne chaste peut ouvrir des vannes de désirs et de sentiments refoulés. L'individu peut alors avoir à faire face à des tentations et des pulsions insoupçonnées ; il ou elle peut alors se trouver sur des à-pic de tentations et glisser dans les affres du désir. C'est alors que l'Esprit Saint viendra sauver le voyageur et le sortir de ses difficultés.

Pour les mariés ou les célibataires, suivre la voie de Dieu et les chemins de l'Evangile apporte une bénédiction que rien d'autre ne peut apporter. Des forces de grâce inattendues entrent en jeu lorsque la personne est attirée par le divin et que les deux s'embrassent. L'individu n'est pas perdu, mais transformé. Même dans la nuit noire qui suit un progrès spirituel substantiel, le cœur pur reçoit les dons de l'Esprit Saint et y répond. A cette étape de la vie spirituelle, c'est le don de courage et de force morale qui œuvre dans l'âme. La personne est capable d'aller au-delà de ses forces et, avec un contrôle conscient, d'intégrer des forces irrationnelles qui avaient été longtemps enterrées. Et à la sortie de ce conflit de ténèbres, qui selon les saints accompagne chaque pas de la vie spirituelle, vient le constat que les cœurs purs verront vraiment Dieu.

TABLE DES MATIÈRES

Cet ouvrage a été imprimé
sur presse Cameron
par ***Bussière Camedan Imprimeries***
à Saint-Amand-Montrond (Cher)
en avril 1997

– N° d'impression : 1/1098. –
Dépôt légal : avril 1997.

Imprimé en France